대한민국 법령 시리즈 222

민사소송법

법령

해광출판사

머리말

이 책은 방대한 법전을 보지 않고 간편하게 해당되는 법령만 참고해서 볼 수 있도록 하였습니다. 공공기관이나 관련 종사자들이 쉽고 간편하게 해당 법령을 참조 할 수 있도록 하였습니다.

법률이라는 것이 크든 작든 항상 변하는 관계로, 출간 이후의 정확하고 최신의 법률은 법제처 국가법령정보센터에서 확인이 가능하니 법률의 실제 적용 시 확인이 필요한 점 유의하기를 바랍니다.

편집부

* 수록 법률은 법제처 국가법령정보센터에서 확인 가능합니다.
* 발행일 기준 시행 법률이므로 최신 법령은 위 센터에서 볼 수 있습니다.
* 본 책자에 수록된 법률의 문구에 대하여 법적인 효력은 없으며,
  실제 적용 법률은 위 센터에서 최신의 법률로 확인하시기 바랍니다.
* 해당 법령과 함께 시행령, 시행규칙도 수록되어 있습니다.
* 발행일 기준으로 개정 예정 법률은 밑줄로 별도 표시되어 있으며,
  보다 정확한 것은 법제처에서 확인하기 바랍니다.

목차

민사소송법

[시행 2025. 7. 12.] [법률 제19516호, 2023. 7. 11., 일부개정]

**개정 예정 법률 밑줄 별도 표시.

민사소송법

[시행 2025. 7. 12.] [법률 제19516호, 2023. 7. 11., 일부개정]

제1편 총칙

제1조(민사소송의 이상과 신의성실의 원칙) ①법원은 소송절차가 공정하고 신속하며 경제적으로 진행되도록 노력하여야 한다.

②당사자와 소송관계인은 신의에 따라 성실하게 소송을 수행하여야 한다.

제1장 법원

제1절 관할

제2조(보통재판적) 소(訴)는 피고의 보통재판적(普通裁判籍)이 있는 곳의 법원이 관할한다.

제3조(사람의 보통재판적) 사람의 보통재판적은 그의 주소에 따라 정한다. 다만, 대한민국에 주소가 없거나 주소를 알 수 없는 경우에는 거소에 따라 정하고, 거소가 일정하지 아니하거나 거소도 알 수 없으면 마지막 주소에 따라 정한다.

제4조(대사·공사 등의 보통재판적) 대사(大使)·공사(公使), 그 밖에 외국의 재판권 행사대상에서 제외되는 대한민국 국민이 제3조의 규정에 따른 보통재판적이 없는 경우에는 이들의 보통재판적은 대법원

이 있는 곳으로 한다.

제5조(법인 등의 보통재판적) ①법인, 그 밖의 사단 또는 재단의 보통재판적은 이들의 주된 사무소 또는 영업소가 있는 곳에 따라 정하고, 사무소와 영업소가 없는 경우에는 주된 업무담당자의 주소에 따라 정한다.

②제1항의 규정을 외국법인, 그 밖의 사단 또는 재단에 적용하는 경우 보통재판적은 대한민국에 있는 이들의 사무소·영업소 또는 업무담당자의 주소에 따라 정한다.

제6조(국가의 보통재판적) 국가의 보통재판적은 그 소송에서 국가를 대표하는 관청 또는 대법원이 있는 곳으로 한다.

제7조(근무지의 특별재판적) 사무소 또는 영업소에 계속하여 근무하는 사람에 대하여 소를 제기하는 경우에는 그 사무소 또는 영업소가 있는 곳을 관할하는 법원에 제기할 수 있다.

제8조(거소지 또는 의무이행지의 특별재판적) 재산권에 관한 소를 제기하는 경우에는 거소지 또는 의무이행지의 법원에 제기할 수 있다.

제9조(어음·수표 지급지의 특별재판적) 어음·수표에 관한 소를 제기하는 경우에는 지급지의 법원에 제기할 수 있다.

제10조(선원·군인·군무원에 대한 특별재판적) ①선원에 대하여 재산권에 관한 소를 제기하는 경우에는 선적(船籍)이 있는 곳의 법원에 제기할 수 있다.

②군인·군무원에 대하여 재산권에 관한 소를 제기하는 경우에는 군사용 청사가 있는 곳 또는 군용 선박의 선적이 있는 곳의 법원에 제기할 수 있다.

제11조(재산이 있는 곳의 특별재판적) 대한민국에 주소가 없는 사람 또는 주소를 알 수 없는 사람에 대하여 재산권에 관한 소를 제기하는 경우에는 청구의 목적 또는 담보의 목적이나 압류할 수 있는 피고의 재산이 있는 곳의 법원에 제기할 수 있다.

제12조(사무소·영업소가 있는 곳의 특별재판적) 사무소 또는 영업소가 있는 사람에 대하여 그 사무소 또는 영업소의 업무와 관련이 있는 소를 제기하는 경우에는 그 사무소 또는 영업소가 있는 곳의 법원에 제기할 수 있다.

제13조(선적이 있는 곳의 특별재판적) 선박 또는 항해에 관한 일로 선박소유자, 그 밖의 선박이용자에 대하여 소를 제기하는 경우에는 선적이 있는 곳의 법원에 제기할 수 있다.

제14조(선박이 있는 곳의 특별재판적) 선박채권(船舶債權), 그 밖에 선박을 담보로 한 채권에 관한 소를 제기하는 경우에는 선박이 있는 곳의 법원에 제기할 수 있다.

제15조(사원 등에 대한 특별재판적) ①회사, 그 밖의 사단이 사원에 대하여 소를 제기하거나 사원이 다른 사원에 대하여 소를 제기하는 경우에는 그 소가 사원의 자격으로 말미암은 것이면 회사, 그 밖의 사단의 보통재판적이 있는 곳의 법원에 소를 제기할 수 있다.

②사단 또는 재단이 그 임원에 대하여 소를 제기하거나 회사가 그 발기인 또는 검사인에 대하여 소를 제기하는 경우에는 제1항의 규정을 준용한다.

제16조(사원 등에 대한 특별재판적) 회사, 그 밖의 사단의 채권자가 그 사원에 대하여 소를 제기하는 경우에는 그 소가 사원의 자격으

로 말미암은 것이면 제15조에 규정된 법원에 제기할 수 있다.

제17조(사원 등에 대한 특별재판적) 회사, 그 밖의 사단, 재단, 사원 또는 사단의 채권자가 그 사원·임원·발기인 또는 검사인이었던 사람에 대하여 소를 제기하는 경우와 사원이었던 사람이 그 사원에 대하여 소를 제기하는 경우에는 제15조 및 제16조의 규정을 준용한다.

제18조(불법행위지의 특별재판적) ①불법행위에 관한 소를 제기하는 경우에는 행위지의 법원에 제기할 수 있다.

②선박 또는 항공기의 충돌이나 그 밖의 사고로 말미암은 손해배상에 관한 소를 제기하는 경우에는 사고선박 또는 항공기가 맨 처음 도착한 곳의 법원에 제기할 수 있다.

제19조(해난구조에 관한 특별재판적) 해난구조(海難救助)에 관한 소를 제기하는 경우에는 구제된 곳 또는 구제된 선박이 맨 처음 도착한 곳의 법원에 제기할 수 있다.

제20조(부동산이 있는 곳의 특별재판적) 부동산에 관한 소를 제기하는 경우에는 부동산이 있는 곳의 법원에 제기할 수 있다.

제21조(등기·등록에 관한 특별재판적) 등기·등록에 관한 소를 제기하는 경우에는 등기 또는 등록할 공공기관이 있는 곳의 법원에 제기할 수 있다.

제22조(상속·유증 등의 특별재판적) 상속(相續)에 관한 소 또는 유증(遺贈), 그 밖에 사망으로 효력이 생기는 행위에 관한 소를 제기하는 경우에는 상속이 시작된 당시 피상속인의 보통재판적이 있는 곳의 법원에 제기할 수 있다.

제23조(상속·유증 등의 특별재판적) 상속채권, 그 밖의 상속재산에

대한 부담에 관한 것으로 제22조의 규정에 해당되지 아니하는 소를 제기하는 경우에는 상속재산의 전부 또는 일부가 제22조의 법원관할구역안에 있으면 그 법원에 제기할 수 있다.

제24조(지식재산권 등에 관한 특별재판적) ①특허권, 실용신안권, 디자인권, 상표권, 품종보호권(이하 "특허권등"이라 한다)을 제외한 지식재산권과 국제거래에 관한 소를 제기하는 경우에는 제2조 내지 제23조의 규정에 따른 관할법원 소재지를 관할하는 고등법원이 있는 곳의 지방법원에 제기할 수 있다. 다만, 서울고등법원이 있는 곳의 지방법원은 서울중앙지방법원으로 한정한다. 〈개정 2011. 5. 19., 2015. 12. 1.〉

② 특허권등의 지식재산권에 관한 소를 제기하는 경우에는 제2조부터 제23조까지의 규정에 따른 관할법원 소재지를 관할하는 고등법원이 있는 곳의 지방법원의 전속관할로 한다. 다만, 서울고등법원이 있는 곳의 지방법원은 서울중앙지방법원으로 한정한다. 〈신설 2015. 12. 1.〉

③ 제2항에도 불구하고 당사자는 서울중앙지방법원에 특허권등의 지식재산권에 관한 소를 제기할 수 있다. 〈신설 2015. 12. 1.〉

[제목개정 2011. 5. 19.]

제25조(관련재판적) ①하나의 소로 여러 개의 청구를 하는 경우에는 제2조 내지 제24조의 규정에 따라 그 여러 개 가운데 하나의 청구에 대한 관할권이 있는 법원에 소를 제기할 수 있다.

②소송목적이 되는 권리나 의무가 여러 사람에게 공통되거나 사실상 또는 법률상 같은 원인으로 말미암아 그 여러 사람이 공동소송

인(共同訴訟人)으로서 당사자가 되는 경우에는 제1항의 규정을 준용한다.

제26조(소송목적의 값의 산정) ①법원조직법에서 소송목적의 값에 따라 관할을 정하는 경우 그 값은 소로 주장하는 이익을 기준으로 계산하여 정한다.

②제1항의 값을 계산할 수 없는 경우 그 값은 민사소송등인지법의 규정에 따른다.

제27조(청구를 병합한 경우의 소송목적의 값) ①하나의 소로 여러 개의 청구를 하는 경우에는 그 여러 청구의 값을 모두 합하여 소송목적의 값을 정한다.

②과실(果實)·손해배상·위약금(違約金) 또는 비용의 청구가 소송의 부대목적(附帶目的)이 되는 경우에는 그 값은 소송목적의 값에 넣지 아니한다.

제28조(관할의 지정) ①다음 각호 가운데 어느 하나에 해당하면 관계된 법원과 공통되는 바로 위의 상급법원이 그 관계된 법원 또는 당사자의 신청에 따라 결정으로 관할법원을 정한다.

1. 관할법원이 재판권을 법률상 또는 사실상 행사할 수 없는 때
2. 법원의 관할구역이 분명하지 아니한 때

②제1항의 결정에 대하여는 불복할 수 없다.

제29조(합의관할) ①당사자는 합의로 제1심 관할법원을 정할 수 있다.

②제1항의 합의는 일정한 법률관계로 말미암은 소에 관하여 서면으로 하여야 한다.

제30조(변론관할) 피고가 제1심 법원에서 관할위반이라고 항변(抗辯)하지 아니하고 본안(本案)에 대하여 변론(辯論)하거나 변론준비기일(辯論準備期日)에서 진술하면 그 법원은 관할권을 가진다.

제31조(전속관할에 따른 제외) 전속관할(專屬管轄)이 정하여진 소에는 제2조, 제7조 내지 제25조, 제29조 및 제30조의 규정을 적용하지 아니한다.

제32조(관할에 관한 직권조사) 법원은 관할에 관한 사항을 직권으로 조사할 수 있다.

제33조(관할의 표준이 되는 시기) 법원의 관할은 소를 제기한 때를 표준으로 정한다.

제34조(관할위반 또는 재량에 따른 이송) ①법원은 소송의 전부 또는 일부에 대하여 관할권이 없다고 인정하는 경우에는 결정으로 이를 관할법원에 이송한다.

②지방법원 단독판사는 소송에 대하여 관할권이 있는 경우라도 상당하다고 인정하면 직권 또는 당사자의 신청에 따른 결정으로 소송의 전부 또는 일부를 같은 지방법원 합의부에 이송할 수 있다.

③지방법원 합의부는 소송에 대하여 관할권이 없는 경우라도 상당하다고 인정하면 직권으로 또는 당사자의 신청에 따라 소송의 전부 또는 일부를 스스로 심리·재판할 수 있다.

④전속관할이 정하여진 소에 대하여는 제2항 및 제3항의 규정을 적용하지 아니한다.

제35조(손해나 지연을 피하기 위한 이송) 법원은 소송에 대하여 관할권이 있는 경우라도 현저한 손해 또는 지연을 피하기 위하여 필

요하면 직권 또는 당사자의 신청에 따른 결정으로 소송의 전부 또는 일부를 다른 관할법원에 이송할 수 있다. 다만, 전속관할이 정하여진 소의 경우에는 그러하지 아니하다.

제36조(지식재산권 등에 관한 소송의 이송) ①법원은 특허권등을 제외한 지식재산권과 국제거래에 관한 소가 제기된 경우 직권 또는 당사자의 신청에 따른 결정으로 그 소송의 전부 또는 일부를 제24조제1항에 따른 관할법원에 이송할 수 있다. 다만, 이로 인하여 소송절차를 현저하게 지연시키는 경우에는 그러하지 아니하다. 〈개정 2011. 5. 19., 2015. 12. 1.〉

②제1항은 전속관할이 정하여져 있는 소의 경우에는 적용하지 아니한다. 〈개정 2015. 12. 1.〉

③ 제24조제2항 또는 제3항에 따라 특허권등의 지식재산권에 관한 소를 관할하는 법원은 현저한 손해 또는 지연을 피하기 위하여 필요한 때에는 직권 또는 당사자의 신청에 따른 결정으로 소송의 전부 또는 일부를 제2조부터 제23조까지의 규정에 따른 지방법원으로 이송할 수 있다. 〈신설 2015. 12. 1.〉

[제목개정 2011. 5. 19.]

제37조(이송결정이 확정된 뒤의 긴급처분) 법원은 소송의 이송결정이 확정된 뒤라도 급박한 사정이 있는 때에는 직권으로 또는 당사자의 신청에 따라 필요한 처분을 할 수 있다. 다만, 기록을 보낸 뒤에는 그러하지 아니하다.

제38조(이송결정의 효력) ①소송을 이송받은 법원은 이송결정에 따라야 한다.

②소송을 이송받은 법원은 사건을 다시 다른 법원에 이송하지 못한다.

제39조(즉시항고) 이송결정과 이송신청의 기각결정(棄却決定)에 대하여는 즉시항고(卽時抗告)를 할 수 있다.

제40조(이송의 효과) ①이송결정이 확정된 때에는 소송은 처음부터 이송받은 법원에 계속(係屬)된 것으로 본다.

②제1항의 경우에는 이송결정을 한 법원의 법원서기관·법원사무관·법원주사 또는 법원주사보(이하 "법원사무관등"이라 한다)는 그 결정의 정본(正本)을 소송기록에 붙여 이송받을 법원에 보내야 한다.

제2절 법관 등의 제척·기피·회피

제41조(제척의 이유) 법관은 다음 각호 가운데 어느 하나에 해당하면 직무집행에서 제척(除斥)된다. 〈개정 2005. 3. 31.〉

1. 법관 또는 그 배우자나 배우자이었던 사람이 사건의 당사자가 되거나, 사건의 당사자와 공동권리자·공동의무자 또는 상환의무자의 관계에 있는 때
2. 법관이 당사자와 친족의 관계에 있거나 그러한 관계에 있었을 때
3. 법관이 사건에 관하여 증언이나 감정(鑑定)을 하였을 때
4. 법관이 사건당사자의 대리인이었거나 대리인이 된 때
5. 법관이 불복사건의 이전심급의 재판에 관여하였을 때. 다만, 다른 법원의 촉탁에 따라 그 직무를 수행한 경우에는 그러하지 아니하다.

제42조(제척의 재판) 법원은 제척의 이유가 있는 때에는 직권으로

또는 당사자의 신청에 따라 제척의 재판을 한다.

제43조(당사자의 기피권) ①당사자는 법관에게 공정한 재판을 기대하기 어려운 사정이 있는 때에는 기피신청을 할 수 있다.

②당사자가 법관을 기피할 이유가 있다는 것을 알면서도 본안에 관하여 변론하거나 변론준비기일에서 진술을 한 경우에는 기피신청을 하지 못한다.

제44조(제척과 기피신청의 방식) ①합의부의 법관에 대한 제척 또는 기피는 그 합의부에, 수명법관(受命法官)·수탁판사(受託判事) 또는 단독판사에 대한 제척 또는 기피는 그 법관에게 이유를 밝혀 신청하여야 한다.

②제척 또는 기피하는 이유와 소명방법은 신청한 날부터 3일 이내에 서면으로 제출하여야 한다.

제45조(제척 또는 기피신청의 각하 등) ①제척 또는 기피신청이 제44조의 규정에 어긋나거나 소송의 지연을 목적으로 하는 것이 분명한 경우에는 신청을 받은 법원 또는 법관은 결정으로 이를 각하(却下)한다.

②제척 또는 기피를 당한 법관은 제1항의 경우를 제외하고는 바로 제척 또는 기피신청에 대한 의견서를 제출하여야 한다.

제46조(제척 또는 기피신청에 대한 재판) ①제척 또는 기피신청에 대한 재판은 그 신청을 받은 법관의 소속 법원 합의부에서 결정으로 하여야 한다.

②제척 또는 기피신청을 받은 법관은 제1항의 재판에 관여하지 못한다. 다만, 의견을 진술할 수 있다.

③제척 또는 기피신청을 받은 법관의 소속 법원이 합의부를 구성하지 못하는 경우에는 바로 위의 상급법원이 결정하여야 한다.

제47조(불복신청) ①제척 또는 기피신청에 정당한 이유가 있다는 결정에 대하여는 불복할 수 없다.

②제45조제1항의 각하결정(却下決定) 또는 제척이나 기피신청이 이유 없다는 결정에 대하여는 즉시항고를 할 수 있다.

③제45조제1항의 각하결정에 대한 즉시항고는 집행정지의 효력을 가지지 아니한다.

제48조(소송절차의 정지) 법원은 제척 또는 기피신청이 있는 경우에는 그 재판이 확정될 때까지 소송절차를 정지하여야 한다. 다만, 제척 또는 기피신청이 각하된 경우 또는 종국판결(終局判決)을 선고하거나 긴급을 요하는 행위를 하는 경우에는 그러하지 아니하다.

제49조(법관의 회피) 법관은 제41조 또는 제43조의 사유가 있는 경우에는 감독권이 있는 법원의 허가를 받아 회피(回避)할 수 있다.

제50조(법원사무관등에 대한 제척 · 기피 · 회피) ①법원사무관등에 대하여는 이 절의 규정을 준용한다.

②제1항의 법원사무관등에 대한 제척 또는 기피의 재판은 그가 속한 법원이 결정으로 하여야 한다.

제2장 당사자

제1절 당사자능력과 소송능력

제51조(당사자능력 · 소송능력 등에 대한 원칙) 당사자능력(當事者能力), 소송능력(訴訟能力), 소송무능력자(訴訟無能力者)의 법정대리와

소송행위에 필요한 권한의 수여는 이 법에 특별한 규정이 없으면 민법, 그 밖의 법률에 따른다.

제52조(법인이 아닌 사단 등의 당사자능력) 법인이 아닌 사단이나 재단은 대표자 또는 관리인이 있는 경우에는 그 사단이나 재단의 이름으로 당사자가 될 수 있다.

제53조(선정당사자) ①공동의 이해관계를 가진 여러 사람이 제52조의 규정에 해당되지 아니하는 경우에는, 이들은 그 가운데에서 모두를 위하여 당사자가 될 한 사람 또는 여러 사람을 선정하거나 이를 바꿀 수 있다.

②소송이 법원에 계속된 뒤 제1항의 규정에 따라 당사자를 바꾼 때에는 그 전의 당사자는 당연히 소송에서 탈퇴한 것으로 본다.

제54조(선정당사자 일부의 자격상실) 제53조의 규정에 따라 선정된 여러 당사자 가운데 죽거나 그 자격을 잃은 사람이 있는 경우에는 다른 당사자가 모두를 위하여 소송행위를 한다.

제55조(제한능력자의 소송능력) ① 미성년자 또는 피성년후견인은 법정대리인에 의해서만 소송행위를 할 수 있다. 다만, 다음 각 호의 경우에는 그러하지 아니하다.

1. 미성년자가 독립하여 법률행위를 할 수 있는 경우

2. 피성년후견인이 「민법」 제10조제2항에 따라 취소할 수 없는 법률행위를 할 수 있는 경우

② 피한정후견인은 한정후견인의 동의가 필요한 행위에 관하여는 대리권 있는 한정후견인에 의해서만 소송행위를 할 수 있다.

[전문개정 2016. 2. 3.]

제56조(법정대리인의 소송행위에 관한 특별규정) ① 미성년후견인, 대리권 있는 성년후견인 또는 대리권 있는 한정후견인이 상대방의 소 또는 상소 제기에 관하여 소송행위를 하는 경우에는 그 후견감독인으로부터 특별한 권한을 받을 필요가 없다.

② 제1항의 법정대리인이 소의 취하, 화해, 청구의 포기·인낙(認諾) 또는 제80조에 따른 탈퇴를 하기 위해서는 후견감독인으로부터 특별한 권한을 받아야 한다. 다만, 후견감독인이 없는 경우에는 가정법원으로부터 특별한 권한을 받아야 한다.

[전문개정 2016. 2. 3.]

제57조(외국인의 소송능력에 대한 특별규정) 외국인은 그의 본국법에 따르면 소송능력이 없는 경우라도 대한민국의 법률에 따라 소송능력이 있는 경우에는 소송능력이 있는 것으로 본다.

제58조(법정대리권 등의 증명) ①법정대리권이 있는 사실 또는 소송행위를 위한 권한을 받은 사실은 서면으로 증명하여야 한다. 제53조의 규정에 따라서 당사자를 선정하고 바꾸는 경우에도 또한 같다.

②제1항의 서면은 소송기록에 붙여야 한다.

제59조(소송능력 등의 흠에 대한 조치) 소송능력·법정대리권 또는 소송행위에 필요한 권한의 수여에 흠이 있는 경우에는 법원은 기간을 정하여 이를 보정(補正)하도록 명하여야 하며, 만일 보정하는 것이 지연됨으로써 손해가 생길 염려가 있는 경우에는 법원은 보정하기 전의 당사자 또는 법정대리인으로 하여금 일시적으로 소송행위를 하게 할 수 있다.

제60조(소송능력 등의 흠과 추인) 소송능력, 법정대리권 또는 소송

행위에 필요한 권한의 수여에 흠이 있는 사람이 소송행위를 한 뒤에 보정된 당사자나 법정대리인이 이를 추인(追認)한 경우에는, 그 소송행위는 이를 한 때에 소급하여 효력이 생긴다.

제61조(선정당사자에 대한 준용) 제53조의 규정에 따른 당사자가 소송행위를 하는 경우에는 제59조 및 제60조의 규정을 준용한다.

제62조(제한능력자를 위한 특별대리인) ① 미성년자·피한정후견인 또는 피성년후견인이 당사자인 경우, 그 친족, 이해관계인(미성년자·피한정후견인 또는 피성년후견인을 상대로 소송행위를 하려는 사람을 포함한다), 대리권 없는 성년후견인, 대리권 없는 한정후견인, 지방자치단체의 장 또는 검사는 다음 각 호의 경우에 소송절차가 지연됨으로써 손해를 볼 염려가 있다는 것을 소명하여 수소법원(受訴法院)에 특별대리인을 선임하여 주도록 신청할 수 있다.

1. 법정대리인이 없거나 법정대리인에게 소송에 관한 대리권이 없는 경우

2. 법정대리인이 사실상 또는 법률상 장애로 대리권을 행사할 수 없는 경우

3. 법정대리인의 불성실하거나 미숙한 대리권 행사로 소송절차의 진행이 현저하게 방해받는 경우

② 법원은 소송계속 후 필요하다고 인정하는 경우 직권으로 특별대리인을 선임·개임하거나 해임할 수 있다.

③ 특별대리인은 대리권 있는 후견인과 같은 권한이 있다. 특별대리인의 대리권의 범위에서 법정대리인의 권한은 정지된다.

④ 특별대리인의 선임·개임 또는 해임은 법원의 결정으로 하며,

그 결정은 특별대리인에게 송달하여야 한다.

⑤ 특별대리인의 보수, 선임 비용 및 소송행위에 관한 비용은 소송비용에 포함된다.

[전문개정 2016. 2. 3.]

제62조의2(의사무능력자를 위한 특별대리인의 선임 등) ① 의사능력이 없는 사람을 상대로 소송행위를 하려고 하거나 의사능력이 없는 사람이 소송행위를 하는 데 필요한 경우 특별대리인의 선임 등에 관하여는 제62조를 준용한다. 다만, 특정후견인 또는 임의후견인도 특별대리인의 선임을 신청할 수 있다.

② 제1항의 특별대리인이 소의 취하, 화해, 청구의 포기·인낙 또는 제80조에 따른 탈퇴를 하는 경우 법원은 그 행위가 본인의 이익을 명백히 침해한다고 인정할 때에는 그 행위가 있는 날부터 14일 이내에 결정으로 이를 허가하지 아니할 수 있다. 이 결정에 대해서는 불복할 수 없다.

[본조신설 2016. 2. 3.]

제63조(법정대리권의 소멸통지) ①소송절차가 진행되는 중에 법정대리권이 소멸한 경우에는 본인 또는 대리인이 상대방에게 소멸된 사실을 통지하지 아니하면 소멸의 효력을 주장하지 못한다. 다만, 법원에 법정대리권의 소멸사실이 알려진 뒤에는 그 법정대리인은 제56조제2항의 소송행위를 하지 못한다.

②제53조의 규정에 따라 당사자를 바꾸는 경우에는 제1항의 규정을 준용한다.

제64조(법인 등 단체의 대표자의 지위) 법인의 대표자 또는 제52조

의 대표자 또는 관리인에게는 이 법 가운데 법정대리와 법정대리인에 관한 규정을 준용한다.

제2절 공동소송

제65조(공동소송의 요건) 소송목적이 되는 권리나 의무가 여러 사람에게 공통되거나 사실상 또는 법률상 같은 원인으로 말미암아 생긴 경우에는 그 여러 사람이 공동소송인으로서 당사자가 될 수 있다. 소송목적이 되는 권리나 의무가 같은 종류의 것이고, 사실상 또는 법률상 같은 종류의 원인으로 말미암은 것인 경우에도 또한 같다.

제66조(통상공동소송인의 지위) 공동소송인 가운데 한 사람의 소송행위 또는 이에 대한 상대방의 소송행위와 공동소송인 가운데 한 사람에 관한 사항은 다른 공동소송인에게 영향을 미치지 아니한다.

제67조(필수적 공동소송에 대한 특별규정) ①소송목적이 공동소송인 모두에게 합일적으로 확정되어야 할 공동소송의 경우에 공동소송인 가운데 한 사람의 소송행위는 모두의 이익을 위하여서만 효력을 가진다.

②제1항의 공동소송에서 공동소송인 가운데 한 사람에 대한 상대방의 소송행위는 공동소송인 모두에게 효력이 미친다.

③제1항의 공동소송에서 공동소송인 가운데 한 사람에게 소송절차를 중단 또는 중지하여야 할 이유가 있는 경우 그 중단 또는 중지는 모두에게 효력이 미친다.

제68조(필수적 공동소송인의 추가) ①법원은 제67조제1항의 규정에 따른 공동소송인 가운데 일부가 누락된 경우에는 제1심의 변론을 종결할 때까지 원고의 신청에 따라 결정으로 원고 또는 피고를 추

가하도록 허가할 수 있다. 다만, 원고의 추가는 추가될 사람의 동의를 받은 경우에만 허가할 수 있다.

②제1항의 허가결정을 한 때에는 허가결정의 정본을 당사자 모두에게 송달하여야 하며, 추가될 당사자에게는 소장부본도 송달하여야 한다.

③제1항의 규정에 따라 공동소송인이 추가된 경우에는 처음의 소가 제기된 때에 추가된 당사자와의 사이에 소가 제기된 것으로 본다.

④제1항의 허가결정에 대하여 이해관계인은 추가될 원고의 동의가 없었다는 것을 사유로 하는 경우에만 즉시항고를 할 수 있다.

⑤제4항의 즉시항고는 집행정지의 효력을 가지지 아니한다.

⑥제1항의 신청을 기각한 결정에 대하여는 즉시항고를 할 수 있다.

제69조(필수적 공동소송에 대한 특별규정) 제67조제1항의 공동소송인 가운데 한 사람이 상소를 제기한 경우에 다른 공동소송인이 그 상소심에서 하는 소송행위에는 제56조제1항의 규정을 준용한다.

제70조(예비적·선택적 공동소송에 대한 특별규정) ①공동소송인 가운데 일부의 청구가 다른 공동소송인의 청구와 법률상 양립할 수 없거나 공동소송인 가운데 일부에 대한 청구가 다른 공동소송인에 대한 청구와 법률상 양립할 수 없는 경우에는 제67조 내지 제69조를 준용한다. 다만, 청구의 포기·인낙, 화해 및 소의 취하의 경우에는 그러하지 아니하다.

②제1항의 소송에서는 모든 공동소송인에 관한 청구에 대하여 판

결을 하여야 한다.

제3절 소송참가

제71조(보조참가) 소송결과에 이해관계가 있는 제3자는 한 쪽 당사자를 돕기 위하여 법원에 계속중인 소송에 참가할 수 있다. 다만, 소송절차를 현저하게 지연시키는 경우에는 그러하지 아니하다.

제72조(참가신청의 방식) ①참가신청은 참가의 취지와 이유를 밝혀 참가하고자 하는 소송이 계속된 법원에 제기하여야 한다.

②서면으로 참가를 신청한 경우에는 법원은 그 서면을 양쪽 당사자에게 송달하여야 한다.

③참가신청은 참가인으로서 할 수 있는 소송행위와 동시에 할 수 있다.

제73조(참가허가여부에 대한 재판) ①당사자가 참가에 대하여 이의를 신청한 때에는 참가인은 참가의 이유를 소명하여야 하며, 법원은 참가를 허가할 것인지 아닌지를 결정하여야 한다.

②법원은 직권으로 참가인에게 참가의 이유를 소명하도록 명할 수 있으며, 참가의 이유가 있다고 인정되지 아니하는 때에는 참가를 허가하지 아니하는 결정을 하여야 한다.

③제1항 및 제2항의 결정에 대하여는 즉시항고를 할 수 있다.

제74조(이의신청권의 상실) 당사자가 참가에 대하여 이의를 신청하지 아니한 채 변론하거나 변론준비기일에서 진술을 한 경우에는 이의를 신청할 권리를 잃는다.

제75조(참가인의 소송관여) ①참가인은 그의 참가에 대한 이의신청

이 있는 경우라도 참가를 허가하지 아니하는 결정이 확정될 때까지 소송행위를 할 수 있다.

②당사자가 참가인의 소송행위를 원용(援用)한 경우에는 참가를 허가하지 아니하는 결정이 확정되어도 그 소송행위는 효력을 가진다.

第76조(참가인의 소송행위) ①참가인은 소송에 관하여 공격·방어·이의·상소, 그 밖의 모든 소송행위를 할 수 있다. 다만, 참가할 때의 소송의 진행정도에 따라 할 수 없는 소송행위는 그러하지 아니하다.

②참가인의 소송행위가 피참가인의 소송행위에 어긋나는 경우에는 그 참가인의 소송행위는 효력을 가지지 아니한다.

第77조(참가인에 대한 재판의 효력) 재판은 다음 각호 가운데 어느 하나에 해당하지 아니하면 참가인에게도 그 효력이 미친다.

1. 제76조의 규정에 따라 참가인이 소송행위를 할 수 없거나, 그 소송행위가 효력을 가지지 아니하는 때

2. 피참가인이 참가인의 소송행위를 방해한 때

3. 피참가인이 참가인이 할 수 없는 소송행위를 고의나 과실로 하지 아니한 때

第78조(공동소송적 보조참가) 재판의 효력이 참가인에게도 미치는 경우에는 그 참가인과 피참가인에 대하여 제67조 및 제69조를 준용한다.

第79조(독립당사자참가) ①소송목적의 전부나 일부가 자기의 권리라고 주장하거나, 소송결과에 따라 권리가 침해된다고 주장하는 제3자는 당사자의 양 쪽 또는 한 쪽을 상대방으로 하여 당사자로서 소송에 참가할 수 있다.

②제1항의 경우에는 제67조 및 제72조의 규정을 준용한다.

제80조(독립당사자참가소송에서의 탈퇴) 제79조의 규정에 따라 자기의 권리를 주장하기 위하여 소송에 참가한 사람이 있는 경우 그가 참가하기 전의 원고나 피고는 상대방의 승낙을 받아 소송에서 탈퇴할 수 있다. 다만, 판결은 탈퇴한 당사자에 대하여도 그 효력이 미친다.

제81조(승계인의 소송참가) 소송이 법원에 계속되어 있는 동안에 제3자가 소송목적인 권리 또는 의무의 전부나 일부를 승계하였다고 주장하며 제79조의 규정에 따라 소송에 참가한 경우 그 참가는 소송이 법원에 처음 계속된 때에 소급하여 시효의 중단 또는 법률상 기간준수의 효력이 생긴다.

제82조(승계인의 소송인수) ①소송이 법원에 계속되어 있는 동안에 제3자가 소송목적인 권리 또는 의무의 전부나 일부를 승계한 때에는 법원은 당사자의 신청에 따라 그 제3자로 하여금 소송을 인수하게 할 수 있다.

②법원은 제1항의 규정에 따른 결정을 할 때에는 당사자와 제3자를 심문(審問)하여야 한다.

③제1항의 소송인수의 경우에는 제80조의 규정 가운데 탈퇴 및 판결의 효력에 관한 것과, 제81조의 규정 가운데 참가의 효력에 관한 것을 준용한다.

제83조(공동소송참가) ①소송목적이 한 쪽 당사자와 제3자에게 합일적으로 확정되어야 할 경우 그 제3자는 공동소송인으로 소송에 참가할 수 있다.

②제1항의 경우에는 제72조의 규정을 준용한다.

제84조(소송고지의 요건) ①소송이 법원에 계속된 때에는 당사자는 참가할 수 있는 제3자에게 소송고지(訴訟告知)를 할 수 있다.

②소송고지를 받은 사람은 다시 소송고지를 할 수 있다.

제85조(소송고지의 방식) ①소송고지를 위하여서는 그 이유와 소송의 진행정도를 적은 서면을 법원에 제출하여야 한다.

②제1항의 서면은 상대방에게 송달하여야 한다.

제86조(소송고지의 효과) 소송고지를 받은 사람이 참가하지 아니한 경우라도 제77조의 규정을 적용할 때에는 참가할 수 있었을 때에 참가한 것으로 본다.

제4절 소송대리인

제87조(소송대리인의 자격) 법률에 따라 재판상 행위를 할 수 있는 대리인 외에는 변호사가 아니면 소송대리인이 될 수 없다.

제88조(소송대리인의 자격의 예외) ①단독판사가 심리·재판하는 사건 가운데 그 소송목적의 값이 일정한 금액 이하인 사건에서, 당사자와 밀접한 생활관계를 맺고 있고 일정한 범위안의 친족관계에 있는 사람 또는 당사자와 고용계약 등으로 그 사건에 관한 통상사무를 처리·보조하여 오는 등 일정한 관계에 있는 사람이 법원의 허가를 받은 때에는 제87조를 적용하지 아니한다.

②제1항의 규정에 따라 법원의 허가를 받을 수 있는 사건의 범위, 대리인의 자격 등에 관한 구체적인 사항은 대법원규칙으로 정한다.

③법원은 언제든지 제1항의 허가를 취소할 수 있다.

제89조(소송대리권의 증명) ①소송대리인의 권한은 서면으로 증명하여야 한다.

②제1항의 서면이 사문서인 경우에는 법원은 공증인, 그 밖의 공증업무를 보는 사람(이하 "공증사무소"라 한다)의 인증을 받도록 소송대리인에게 명할 수 있다.

③당사자가 말로 소송대리인을 선임하고, 법원사무관등이 조서에 그 진술을 적어 놓은 경우에는 제1항 및 제2항의 규정을 적용하지 아니한다.

제90조(소송대리권의 범위) ①소송대리인은 위임을 받은 사건에 대하여 반소(反訴)·참가·강제집행·가압류·가처분에 관한 소송행위 등 일체의 소송행위와 변제(辨濟)의 영수를 할 수 있다.

②소송대리인은 다음 각호의 사항에 대하여는 특별한 권한을 따로 받아야 한다.

1. 반소의 제기
2. 소의 취하, 화해, 청구의 포기·인낙 또는 제80조의 규정에 따른 탈퇴
3. 상소의 제기 또는 취하
4. 대리인의 선임

제91조(소송대리권의 제한) 소송대리권은 제한하지 못한다. 다만, 변호사가 아닌 소송대리인에 대하여는 그러하지 아니하다.

제92조(법률에 의한 소송대리인의 권한) 법률에 의하여 재판상 행위를 할 수 있는 대리인의 권한에는 제90조와 제91조의 규정을 적용하지 아니한다.

第93조(개별대리의 원칙) ①여러 소송대리인이 있는 때에는 각자가 당사자를 대리한다.

②당사자가 제1항의 규정에 어긋나는 약정을 한 경우 그 약정은 효력을 가지지 못한다.

第94조(당사자의 경정권) 소송대리인의 사실상 진술은 당사자가 이를 곧 취소하거나 경정(更正)한 때에는 그 효력을 잃는다.

第95조(소송대리권이 소멸되지 아니하는 경우) 다음 각호 가운데 어느 하나에 해당하더라도 소송대리권은 소멸되지 아니한다.

1. 당사자의 사망 또는 소송능력의 상실
2. 당사자인 법인의 합병에 의한 소멸
3. 당사자인 수탁자(受託者)의 신탁임무의 종료
4. 법정대리인의 사망, 소송능력의 상실 또는 대리권의 소멸 · 변경

第96조(소송대리권이 소멸되지 아니하는 경우) ①일정한 자격에 의하여 자기의 이름으로 남을 위하여 소송당사자가 된 사람에게 소송대리인이 있는 경우에 그 소송대리인의 대리권은 당사자가 자격을 잃더라도 소멸되지 아니한다.

②제53조의 규정에 따라 선정된 당사자가 그 자격을 잃은 경우에는 제1항의 규정을 준용한다.

第97조(법정대리인에 관한 규정의 준용) 소송대리인에게는 제58조제2항 · 제59조 · 제60조 및 제63조의 규정을 준용한다.

제3장 소송비용

제1절 소송비용의 부담

제98조(소송비용부담의 원칙) 소송비용은 패소한 당사자가 부담한다.

제99조(원칙에 대한 예외) 법원은 사정에 따라 승소한 당사자로 하여금 그 권리를 늘리거나 지키는 데 필요하지 아니한 행위로 말미암은 소송비용 또는 상대방의 권리를 늘리거나 지키는 데 필요한 행위로 말미암은 소송비용의 전부나 일부를 부담하게 할 수 있다.

제100조(원칙에 대한 예외) 당사자가 적당한 시기에 공격이나 방어의 방법을 제출하지 아니하였거나, 기일이나 기간의 준수를 게을리하였거나, 그 밖에 당사자가 책임져야 할 사유로 소송이 지연된 때에는 법원은 지연됨으로 말미암은 소송비용의 전부나 일부를 승소한 당사자에게 부담하게 할 수 있다.

제101조(일부패소의 경우) 일부패소의 경우에 당사자들이 부담할 소송비용은 법원이 정한다. 다만, 사정에 따라 한 쪽 당사자에게 소송비용의 전부를 부담하게 할 수 있다.

제102조(공동소송의 경우) ①공동소송인은 소송비용을 균등하게 부담한다. 다만, 법원은 사정에 따라 공동소송인에게 소송비용을 연대하여 부담하게 하거나 다른 방법으로 부담하게 할 수 있다.

②제1항의 규정에 불구하고 법원은 권리를 늘리거나 지키는 데 필요하지 아니한 행위로 생긴 소송비용은 그 행위를 한 당사자에게 부담하게 할 수 있다.

제103조(참가소송의 경우) 참가소송비용에 대한 참가인과 상대방 사이의 부담과, 참가이의신청의 소송비용에 대한 참가인과 이의신청 당사자 사이의 부담에 대하여는 제98조 내지 제102조의 규정을 준

용한다.

제104조(각 심급의 소송비용의 재판) 법원은 사건을 완결하는 재판에서 직권으로 그 심급의 소송비용 전부에 대하여 재판하여야 한다. 다만, 사정에 따라 사건의 일부나 중간의 다툼에 관한 재판에서 그 비용에 대한 재판을 할 수 있다.

제105조(소송의 총비용에 대한 재판) 상급법원이 본안의 재판을 바꾸는 경우 또는 사건을 환송받거나 이송받은 법원이 그 사건을 완결하는 재판을 하는 경우에는 소송의 총비용에 대하여 재판하여야 한다.

제106조(화해한 경우의 비용부담) 당사자가 법원에서 화해한 경우(제231조의 경우를 포함한다) 화해비용과 소송비용의 부담에 대하여 특별히 정한 바가 없으면 그 비용은 당사자들이 각자 부담한다.

제107조(제3자의 비용상환) ①법정대리인·소송대리인·법원사무관등이나 집행관이 고의 또는 중대한 과실로 쓸데없는 비용을 지급하게 한 경우에는 수소법원은 직권으로 또는 당사자의 신청에 따라 그에게 비용을 갚도록 명할 수 있다.

②법정대리인 또는 소송대리인으로서 소송행위를 한 사람이 그 대리권 또는 소송행위에 필요한 권한을 받았음을 증명하지 못하거나, 추인을 받지 못한 경우에 그 소송행위로 말미암아 발생한 소송비용에 대하여는 제1항의 규정을 준용한다.

③제1항 및 제2항의 결정에 대하여는 즉시항고를 할 수 있다.

제108조(무권대리인의 비용부담) 제107조제2항의 경우에 소가 각하된 경우에는 소송비용은 그 소송행위를 한 대리인이 부담한다.

제109조(변호사의 보수와 소송비용) ①소송을 대리한 변호사에게 당사자가 지급하였거나 지급할 보수는 대법원규칙이 정하는 금액의 범위안에서 소송비용으로 인정한다.

②제1항의 소송비용을 계산할 때에는 여러 변호사가 소송을 대리하였더라도 한 변호사가 대리한 것으로 본다.

제110조(소송비용액의 확정결정) ①소송비용의 부담을 정하는 재판에서 그 액수가 정하여지지 아니한 경우에 제1심 법원은 그 재판이 확정되거나, 소송비용부담의 재판이 집행력을 갖게된 후에 당사자의 신청을 받아 결정으로 그 소송비용액을 확정한다.

②제1항의 확정결정을 신청할 때에는 비용계산서, 그 등본과 비용액을 소명하는 데 필요한 서면을 제출하여야 한다.

③제1항의 결정에 대하여는 즉시항고를 할 수 있다.

제111조(상대방에 대한 최고) ①법원은 소송비용액을 결정하기 전에 상대방에게 비용계산서의 등본을 교부하고, 이에 대한 진술을 할 것과 일정한 기간 이내에 비용계산서와 비용액을 소명하는 데 필요한 서면을 제출할 것을 최고(催告)하여야 한다.

②상대방이 제1항의 서면을 기간 이내에 제출하지 아니한 때에는 법원은 신청인의 비용에 대하여서만 결정할 수 있다. 다만, 상대방도 제110조제1항의 확정결정을 신청할 수 있다.

제112조(부담비용의 상계) 법원이 소송비용을 결정하는 경우에 당사자들이 부담할 비용은 대등한 금액에서 상계(相計)된 것으로 본다. 다만, 제111조제2항의 경우에는 그러하지 아니하다.

제113조(화해한 경우의 비용액확정) ①제106조의 경우에 당사자가

소송비용부담의 원칙만을 정하고 그 액수를 정하지 아니한 때에는 법원은 당사자의 신청에 따라 결정으로 그 액수를 정하여야 한다.

②제1항의 경우에는 제110조제2항·제3항, 제111조 및 제112조의 규정을 준용한다.

제114조(소송이 재판에 의하지 아니하고 끝난 경우) ①제113조의 경우 외에 소송이 재판에 의하지 아니하고 끝나거나 참가 또는 이에 대한 이의신청이 취하된 경우에는 법원은 당사자의 신청에 따라 결정으로 소송비용의 액수를 정하고, 이를 부담하도록 명하여야 한다.

②제1항의 경우에는 제98조 내지 제103조, 제110조제2항·제3항, 제111조 및 제112조의 규정을 준용한다.

제115조(법원사무관등에 의한 계산) 제110조제1항의 신청이 있는 때에는 법원은 법원사무관등에게 소송비용액을 계산하게 하여야 한다.

제116조(비용의 예납) ①비용을 필요로 하는 소송행위에 대하여 법원은 당사자에게 그 비용을 미리 내게 할 수 있다.

②비용을 미리 내지 아니하는 때에는 법원은 그 소송행위를 하지 아니할 수 있다.

제2절 소송비용의 담보

제117조(담보제공의무) ① 원고가 대한민국에 주소·사무소와 영업소를 두지 아니한 때 또는 소장·준비서면, 그 밖의 소송기록에 의하여 청구가 이유 없음이 명백한 때 등 소송비용에 대한 담보제공이 필요하다고 판단되는 경우에 피고의 신청이 있으면 법원은 원고에게 소송비용에 대한 담보를 제공하도록 명하여야 한다. 담보가 부

족한 경우에도 또한 같다. 〈개정 2010. 7. 23.〉

② 제1항의 경우에 법원은 직권으로 원고에게 소송비용에 대한 담보를 제공하도록 명할 수 있다. 〈신설 2010. 7. 23.〉

③청구의 일부에 대하여 다툼이 없는 경우에는 그 액수가 담보로 충분하면 제1항의 규정을 적용하지 아니한다. 〈개정 2010. 7. 23.〉

제118조(소송에 응함으로 말미암은 신청권의 상실) 담보를 제공할 사유가 있다는 것을 알고도 피고가 본안에 관하여 변론하거나 변론준비기일에서 진술한 경우에는 담보제공을 신청하지 못한다.

제119조(피고의 거부권) 담보제공을 신청한 피고는 원고가 담보를 제공할 때까지 소송에 응하지 아니할 수 있다.

제120조(담보제공결정) ①법원은 담보를 제공하도록 명하는 결정에서 담보액과 담보제공의 기간을 정하여야 한다.

②담보액은 피고가 각 심급에서 지출할 비용의 총액을 표준으로 하여 정하여야 한다.

제121조(불복신청) 담보제공신청에 관한 결정에 대하여는 즉시항고를 할 수 있다.

제122조(담보제공방식) 담보의 제공은 금전 또는 법원이 인정하는 유가증권을 공탁(供託)하거나, 대법원규칙이 정하는 바에 따라 지급을 보증하겠다는 위탁계약을 맺은 문서를 제출하는 방법으로 한다. 다만, 당사자들 사이에 특별한 약정이 있으면 그에 따른다.

제123조(담보물에 대한 피고의 권리) 피고는 소송비용에 관하여 제122조의 규정에 따른 담보물에 대하여 질권자와 동일한 권리를 가진다.

제124조(담보를 제공하지 아니한 효과) 담보를 제공하여야 할 기간 이내에 원고가 이를 제공하지 아니하는 때에는 법원은 변론없이 판결로 소를 각하할 수 있다. 다만, 판결하기 전에 담보를 제공한 때에는 그러하지 아니하다.

제125조(담보의 취소) ①담보제공자가 담보하여야 할 사유가 소멸되었음을 증명하면서 취소신청을 하면, 법원은 담보취소결정을 하여야 한다.

②담보제공자가 담보취소에 대한 담보권리자의 동의를 받았음을 증명한 때에도 제1항과 같다.

③소송이 완결된 뒤 담보제공자가 신청하면, 법원은 담보권리자에게 일정한 기간 이내에 그 권리를 행사하도록 최고하고, 담보권리자가 그 행사를 하지 아니하는 때에는 담보취소에 대하여 동의한 것으로 본다.

④제1항과 제2항의 규정에 따른 결정에 대하여는 즉시항고를 할 수 있다.

제126조(담보물변경) 법원은 담보제공자의 신청에 따라 결정으로 공탁한 담보물을 바꾸도록 명할 수 있다. 다만, 당사자가 계약에 의하여 공탁한 담보물을 다른 담보로 바꾸겠다고 신청한 때에는 그에 따른다.

제127조(준용규정) 다른 법률에 따른 소제기에 관하여 제공되는 담보에는 제119조, 제120조제1항, 제121조 내지 제126조의 규정을 준용한다.

제3절 소송구조

제128조(구조의 요건) ①법원은 소송비용을 지출할 자금능력이 부족한 사람의 신청에 따라 또는 직권으로 소송구조(訴訟救助)를 할 수 있다. 다만, 패소할 것이 분명한 경우에는 그러하지 아니하다.

② 제1항 단서에 해당하는 경우 같은 항 본문에 따른 소송구조 신청에 필요한 소송비용과 제133조에 따른 불복신청에 필요한 소송비용에 대하여도 소송구조를 하지 아니한다. 〈신설 2023. 4. 18.〉

③제1항의 신청인은 구조의 사유를 소명하여야 한다. 〈개정 2023. 4. 18.〉

④소송구조에 대한 재판은 소송기록을 보관하고 있는 법원이 한다. 〈개정 2023. 4. 18.〉

⑤제1항에서 정한 소송구조요건의 구체적인 내용과 소송구조절차에 관하여 상세한 사항은 대법원규칙으로 정한다. 〈개정 2023. 4. 18.〉

제129조(구조의 객관적 범위) ①소송과 강제집행에 대한 소송구조의 범위는 다음 각호와 같다. 다만, 법원은 상당한 이유가 있는 때에는 다음 각호 가운데 일부에 대한 소송구조를 할 수 있다.

1. 재판비용의 납입유예
2. 변호사 및 집행관의 보수와 체당금(替當金)의 지급유예
3. 소송비용의 담보면제
4. 대법원규칙이 정하는 그 밖의 비용의 유예나 면제

②제1항제2호의 경우에는 변호사나 집행관이 보수를 받지 못하면 국고에서 상당한 금액을 지급한다.

제130조(구조효력의 주관적 범위) ①소송구조는 이를 받은 사람에게

만 효력이 미친다.

②법원은 소송승계인에게 미루어 둔 비용의 납입을 명할 수 있다.

제131조(구조의 취소) 소송구조를 받은 사람이 소송비용을 납입할 자금능력이 있다는 것이 판명되거나, 자금능력이 있게 된 때에는 소송기록을 보관하고 있는 법원은 직권으로 또는 이해관계인의 신청에 따라 언제든지 구조를 취소하고, 납입을 미루어 둔 소송비용을 지급하도록 명할 수 있다.

제132조(납입유예비용의 추심) ①소송구조를 받은 사람에게 납입을 미루어 둔 비용은 그 부담의 재판을 받은 상대방으로부터 직접 지급받을 수 있다.

②제1항의 경우에 변호사 또는 집행관은 소송구조를 받은 사람의 집행권원으로 보수와 체당금에 관한 비용액의 확정결정신청과 강제집행을 할 수 있다.

③변호사 또는 집행관은 보수와 체당금에 대하여 당사자를 대위(代位)하여 제113조 또는 제114조의 결정신청을 할 수 있다.

제133조(불복신청) 이 절에 규정한 재판에 대하여는 즉시항고를 할 수 있다. 다만, 상대방은 제129조제1항제3호의 소송구조결정을 제외하고는 불복할 수 없다.

제4장 소송절차

제1절 변론

제134조(변론의 필요성) ①당사자는 소송에 대하여 법원에서 변론하여야 한다. 다만, 결정으로 완결할 사건에 대하여는 법원이 변론을

열 것인지 아닌지를 정한다.

②제1항 단서의 규정에 따라 변론을 열지 아니할 경우에, 법원은 당사자와 이해관계인, 그 밖의 참고인을 심문할 수 있다.

③이 법에 특별한 규정이 있는 경우에는 제1항과 제2항의 규정을 적용하지 아니한다.

제135조(재판장의 지휘권) ①변론은 재판장(합의부의 재판장 또는 단독판사를 말한다. 이하 같다)이 지휘한다.

②재판장은 발언을 허가하거나 그의 명령에 따르지 아니하는 사람의 발언을 금지할 수 있다.

제136조(석명권 (釋明權) · 구문권 (求問權) 등) ①재판장은 소송관계를 분명하게 하기 위하여 당사자에게 사실상 또는 법률상 사항에 대하여 질문할 수 있고, 증명을 하도록 촉구할 수 있다.

②합의부원은 재판장에게 알리고 제1항의 행위를 할 수 있다.

③당사자는 필요한 경우 재판장에게 상대방에 대하여 설명을 요구하여 줄 것을 요청할 수 있다.

④법원은 당사자가 간과하였음이 분명하다고 인정되는 법률상 사항에 관하여 당사자에게 의견을 진술할 기회를 주어야 한다.

제137조(석명준비명령) 재판장은 제136조의 규정에 따라 당사자에게 설명 또는 증명하거나 의견을 진술할 사항을 지적하고 변론기일 이전에 이를 준비하도록 명할 수 있다.

제138조(합의부에 의한 감독) 당사자가 변론의 지휘에 관한 재판장의 명령 또는 제136조 및 제137조의 규정에 따른 재판장이나 합의부원의 조치에 대하여 이의를 신청한 때에는 법원은 결정으로 그

이의신청에 대하여 재판한다.

제139조(수명법관의 지정 및 촉탁) ①수명법관으로 하여금 그 직무를 수행하게 하고자 할 경우에는 재판장이 그 판사를 지정한다.

②법원이 하는 촉탁은 특별한 규정이 없으면 재판장이 한다.

제140조(법원의 석명처분) ①법원은 소송관계를 분명하게 하기 위하여 다음 각호의 처분을 할 수 있다.

1. 당사자 본인 또는 그 법정대리인에게 출석하도록 명하는 일

2. 소송서류 또는 소송에 인용한 문서, 그 밖의 물건으로서 당사자가 가지고 있는 것을 제출하게 하는 일

3. 당사자 또는 제3자가 제출한 문서, 그 밖의 물건을 법원에 유치하는 일

4. 검증을 하고 감정을 명하는 일

5. 필요한 조사를 촉탁하는 일

②제1항의 검증·감정과 조사의 촉탁에는 이 법의 증거조사에 관한 규정을 준용한다.

제141조(변론의 제한·분리·병합) 법원은 변론의 제한·분리 또는 병합을 명하거나, 그 명령을 취소할 수 있다.

제142조(변론의 재개) 법원은 종결된 변론을 다시 열도록 명할 수 있다.

제143조(통역) ①변론에 참여하는 사람이 우리말을 하지 못하거나, 듣거나 말하는 데 장애가 있으면 통역인에게 통역하게 하여야 한다. 다만, 위와 같은 장애가 있는 사람에게는 문자로 질문하거나 진술하게 할 수 있다.

②통역인에게는 이 법의 감정인에 관한 규정을 준용한다.

제143조의2(진술 보조) ① 질병, 장애, 연령, 그 밖의 사유로 인한 정신적·신체적 제약으로 소송관계를 분명하게 하기 위하여 필요한 진술을 하기 어려운 당사자는 법원의 허가를 받아 진술을 도와주는 사람과 함께 출석하여 진술할 수 있다.

② 법원은 언제든지 제1항의 허가를 취소할 수 있다.

③ 제1항 및 제2항에 따른 진술보조인의 자격 및 소송상 지위와 역할, 법원의 허가 요건·절차 등 허가 및 취소에 관한 사항은 대법원규칙으로 정한다.

[본조신설 2016. 2. 3.]

제144조(변론능력이 없는 사람에 대한 조치) ①법원은 소송관계를 분명하게 하기 위하여 필요한 진술을 할 수 없는 당사자 또는 대리인의 진술을 금지하고, 변론을 계속할 새 기일을 정할 수 있다.

②제1항의 규정에 따라 진술을 금지하는 경우에 필요하다고 인정하면 법원은 변호사를 선임하도록 명할 수 있다.

③제1항 또는 제2항의 규정에 따라 대리인에게 진술을 금지하거나 변호사를 선임하도록 명하였을 때에는 본인에게 그 취지를 통지하여야 한다.

④소 또는 상소를 제기한 사람이 제2항의 규정에 따른 명령을 받고도 제1항의 새 기일까지 변호사를 선임하지 아니한 때에는 법원은 결정으로 소 또는 상소를 각하할 수 있다.

⑤제4항의 결정에 대하여는 즉시항고를 할 수 있다.

제145조(화해의 권고) ①법원은 소송의 정도와 관계없이 화해를 권

고하거나, 수명법관 또는 수탁판사로 하여금 권고하게 할 수 있다.

②제1항의 경우에 법원·수명법관 또는 수탁판사는 당사자 본인이나 그 법정대리인의 출석을 명할 수 있다.

제146조(적시제출주의) 공격 또는 방어의 방법은 소송의 정도에 따라 적절한 시기에 제출하여야 한다.

제147조(제출기간의 제한) ①재판장은 당사자의 의견을 들어 한 쪽 또는 양 쪽 당사자에 대하여 특정한 사항에 관하여 주장을 제출하거나 증거를 신청할 기간을 정할 수 있다.

②당사자가 제1항의 기간을 넘긴 때에는 주장을 제출하거나 증거를 신청할 수 없다. 다만, 당사자가 정당한 사유로 그 기간 이내에 제출 또는 신청하지 못하였다는 것을 소명한 경우에는 그러하지 아니하다.

제148조(한 쪽 당사자가 출석하지 아니한 경우) ①원고 또는 피고가 변론기일에 출석하지 아니하거나, 출석하고서도 본안에 관하여 변론하지 아니한 때에는 그가 제출한 소장·답변서, 그 밖의 준비서면에 적혀 있는 사항을 진술한 것으로 보고 출석한 상대방에게 변론을 명할 수 있다.

②제1항의 규정에 따라 당사자가 진술한 것으로 보는 답변서, 그 밖의 준비서면에 청구의 포기 또는 인낙의 의사표시가 적혀 있고 공증사무소의 인증을 받은 때에는 그 취지에 따라 청구의 포기 또는 인낙이 성립된 것으로 본다.

③제1항의 규정에 따라 당사자가 진술한 것으로 보는 답변서, 그 밖의 준비서면에 화해의 의사표시가 적혀 있고 공증사무소의 인증을

받은 경우에, 상대방 당사자가 변론기일에 출석하여 그 화해의 의사표시를 받아들인 때에는 화해가 성립된 것으로 본다.

제149조(실기한 공격·방어방법의 각하) ①당사자가 제146조의 규정을 어기어 고의 또는 중대한 과실로 공격 또는 방어방법을 뒤늦게 제출함으로써 소송의 완결을 지연시키게 하는 것으로 인정할 때에는 법원은 직권으로 또는 상대방의 신청에 따라 결정으로 이를 각하할 수 있다.

②당사자가 제출한 공격 또는 방어방법의 취지가 분명하지 아니한 경우에, 당사자가 필요한 설명을 하지 아니하거나 설명할 기일에 출석하지 아니한 때에는 법원은 직권으로 또는 상대방의 신청에 따라 결정으로 이를 각하할 수 있다.

제150조(자백간주) ①당사자가 변론에서 상대방이 주장하는 사실을 명백히 다투지 아니한 때에는 그 사실을 자백한 것으로 본다. 다만, 변론 전체의 취지로 보아 그 사실에 대하여 다툰 것으로 인정되는 경우에는 그러하지 아니하다.

②상대방이 주장한 사실에 대하여 알지 못한다고 진술한 때에는 그 사실을 다툰 것으로 추정한다.

③당사자가 변론기일에 출석하지 아니하는 경우에는 제1항의 규정을 준용한다. 다만, 공시송달의 방법으로 기일통지서를 송달받은 당사자가 출석하지 아니한 경우에는 그러하지 아니하다.

제151조(소송절차에 관한 이의권) 당사자는 소송절차에 관한 규정에 어긋난 것임을 알거나, 알 수 있었을 경우에 바로 이의를 제기하지 아니하면 그 권리를 잃는다. 다만, 그 권리가 포기할 수 없는 것인

때에는 그러하지 아니하다.

제152조(변론조서의 작성) ①법원사무관등은 변론기일에 참여하여 기일마다 조서를 작성하여야 한다. 다만, 변론을 녹음하거나 속기하는 경우 그 밖에 이에 준하는 특별한 사정이 있는 경우에는 법원사무관등을 참여시키지 아니하고 변론기일을 열 수 있다.

②재판장은 필요하다고 인정하는 경우 법원사무관등을 참여시키지 아니하고 변론기일 및 변론준비기일 외의 기일을 열 수 있다.

③제1항 단서 및 제2항의 경우에는 법원사무관등은 그 기일이 끝난 뒤에 재판장의 설명에 따라 조서를 작성하고, 그 취지를 덧붙여 적어야 한다.

제153조(형식적 기재사항) 조서에는 법원사무관등이 다음 각호의 사항을 적고, 재판장과 법원사무관등이 기명날인 또는 서명한다. 다만, 재판장이 기명날인 또는 서명할 수 없는 사유가 있는 때에는 합의부원이 그 사유를 적은 뒤에 기명날인 또는 서명하며, 법관 모두가 기명날인 또는 서명할 수 없는 사유가 있는 때에는 법원사무관등이 그 사유를 적는다. 〈개정 2017. 10. 31.〉

1. 사건의 표시

2. 법관과 법원사무관등의 성명

3. 출석한 검사의 성명

4. 출석한 당사자·대리인·통역인과 출석하지 아니한 당사자의 성명

5. 변론의 날짜와 장소

6. 변론의 공개여부와 공개하지 아니한 경우에는 그 이유

제154조(실질적 기재사항) 조서에는 변론의 요지를 적되, 특히 다음 각호의 사항을 분명히 하여야 한다.

1. 화해, 청구의 포기·인낙, 소의 취하와 자백

2. 증인·감정인의 선서와 진술

3. 검증의 결과

4. 재판장이 적도록 명한 사항과 당사자의 청구에 따라 적는 것을 허락한 사항

5. 서면으로 작성되지 아니한 재판

6. 재판의 선고

제155조(조서기재의 생략 등) ①조서에 적을 사항은 대법원규칙이 정하는 바에 따라 생략할 수 있다. 다만, 당사자의 이의가 있으면 그러하지 아니하다.

②변론방식에 관한 규정의 준수, 화해, 청구의 포기·인낙, 소의 취하와 자백에 대하여는 제1항 본문의 규정을 적용하지 아니한다.

제156조(서면 등의 인용·첨부) 조서에는 서면, 사진, 그 밖에 법원이 적당하다고 인정한 것을 인용하고 소송기록에 붙여 이를 조서의 일부로 삼을 수 있다.

제157조(관계인의 조서낭독 등 청구권) 조서는 관계인이 신청하면 그에게 읽어 주거나 보여주어야 한다.

제158조(조서의 증명력) 변론방식에 관한 규정이 지켜졌다는 것은 조서로만 증명할 수 있다. 다만, 조서가 없어진 때에는 그러하지 아니하다.

제159조(변론의 속기와 녹음) ①법원은 필요하다고 인정하는 경우에

는 변론의 전부 또는 일부를 녹음하거나, 속기자로 하여금 받아 적도록 명할 수 있으며, 당사자가 녹음 또는 속기를 신청하면 특별한 사유가 없는 한 이를 명하여야 한다.

②제1항의 녹음테이프와 속기록은 조서의 일부로 삼는다.

③제1항 및 제2항의 규정에 따라 녹음테이프 또는 속기록으로 조서의 기재를 대신한 경우에, 소송이 완결되기 전까지 당사자가 신청하거나 그 밖에 대법원규칙이 정하는 때에는 녹음테이프나 속기록의 요지를 정리하여 조서를 작성하여야 한다.

④제3항의 규정에 따라 조서가 작성된 경우에는 재판이 확정되거나, 양 쪽 당사자의 동의가 있으면 법원은 녹음테이프와 속기록을 폐기할 수 있다. 이 경우 당사자가 녹음테이프와 속기록을 폐기한다는 통지를 받은 날부터 2주 이내에 이의를 제기하지 아니하면 폐기에 대하여 동의한 것으로 본다.

제160조(다른 조서에 준용하는 규정) 법원·수명법관 또는 수탁판사의 신문(訊問) 또는 심문과 증거조사에는 제152조 내지 제159조의 규정을 준용한다.

제161조(신청 또는 진술의 방법) ①신청, 그 밖의 진술은 특별한 규정이 없는 한 서면 또는 말로 할 수 있다.

②말로 하는 경우에는 법원사무관등의 앞에서 하여야 한다.

③제2항의 경우에 법원사무관등은 신청 또는 진술의 취지에 따라 조서 또는 그 밖의 서면을 작성한 뒤 기명날인 또는 서명하여야 한다. 〈개정 2017. 10. 31.〉

제162조(소송기록의 열람과 증명서의 교부청구) ①당사자나 이해관

계를 소명한 제3자는 대법원규칙이 정하는 바에 따라, 소송기록의 열람·복사, 재판서·조서의 정본·등본·초본의 교부 또는 소송에 관한 사항의 증명서의 교부를 법원사무관등에게 신청할 수 있다.

②누구든지 권리구제·학술연구 또는 공익적 목적으로 대법원규칙으로 정하는 바에 따라 법원사무관등에게 재판이 확정된 소송기록의 열람을 신청할 수 있다. 다만, 공개를 금지한 변론에 관련된 소송기록에 대하여는 그러하지 아니하다. 〈신설 2007. 5. 17.〉

③법원은 제2항에 따른 열람 신청시 당해 소송관계인이 동의하지 아니하는 경우에는 열람하게 하여서는 아니 된다. 이 경우 당해 소송관계인의 범위 및 동의 등에 관하여 필요한 사항은 대법원규칙으로 정한다. 〈신설 2007. 5. 17.〉

④소송기록을 열람·복사한 사람은 열람·복사에 의하여 알게 된 사항을 이용하여 공공의 질서 또는 선량한 풍속을 해하거나 관계인의 명예 또는 생활의 평온을 해하는 행위를 하여서는 아니 된다. 〈신설 2007. 5. 17.〉

⑤제1항 및 제2항의 신청에 대하여는 대법원규칙이 정하는 수수료를 내야 한다. 〈개정 2007. 5. 17.〉

⑥재판서·조서의 정본·등본·초본에는 그 취지를 적고 법원사무관등이 기명날인 또는 서명하여야 한다. 〈개정 2007. 5. 17., 2017. 10. 31.〉

제163조(비밀보호를 위한 열람 등의 제한) ①다음 각호 가운데 어느 하나에 해당한다는 소명이 있는 경우에는 법원은 당사자의 신청에 따라 결정으로 소송기록중 비밀이 적혀 있는 부분의 열람·복사, 재

판서·조서중 비밀이 적혀 있는 부분의 정본·등본·초본의 교부(이하 "비밀 기재부분의 열람 등"이라 한다)를 신청할 수 있는 자를 당사자로 한정할 수 있다.

1. 소송기록 중에 당사자의 사생활에 관한 중대한 비밀이 적혀 있고, 제3자에게 비밀 기재부분의 열람 등을 허용하면 당사자의 사회생활에 지장이 클 우려가 있는 때

2. 소송기록중에 당사자가 가지는 영업비밀(부정경쟁방지및영업비밀보호에관한법률 제2조제2호에 규정된 영업비밀을 말한다)이 적혀 있는 때

② 소송관계인의 생명 또는 신체에 대한 위해의 우려가 있다는 소명이 있는 경우에는 법원은 해당 소송관계인의 신청에 따라 결정으로 소송기록의 열람·복사·송달에 앞서 주소 등 대법원규칙으로 정하는 개인정보로서 해당 소송관계인이 지정하는 부분(이하 "개인정보 기재부분"이라 한다)이 제3자(당사자를 포함한다. 이하 제3항·제4항 중 이 항과 관련된 부분에서 같다)에게 공개되지 아니하도록 보호조치를 할 수 있다. 〈신설 2023. 7. 11.〉

③제1항 또는 제2항의 신청이 있는 경우에는 그 신청에 관한 재판이 확정될 때까지 제3자는 개인정보 기재부분 또는 비밀 기재부분의 열람 등을 신청할 수 없다. 〈개정 2023. 7. 11.〉

④소송기록을 보관하고 있는 법원은 이해관계를 소명한 제3자의 신청에 따라 제1항 또는 제2항의 사유가 존재하지 아니하거나 소멸되었음을 이유로 제1항 또는 제2항의 결정을 취소할 수 있다. 〈개정 2023. 7. 11.〉

⑤제1항 또는 제2항의 신청을 기각한 결정 또는 제4항의 신청에 관한 결정에 대하여는 즉시항고를 할 수 있다. 〈개정 2023. 7. 11.〉

⑥제4항의 취소결정은 확정되어야 효력을 가진다. 〈개정 2023. 7. 11.〉

제163조의2(판결서의 열람ㆍ복사) ① 제162조에도 불구하고 누구든지 판결이 선고된 사건의 판결서(확정되지 아니한 사건에 대한 판결서를 포함하며, 「소액사건심판법」이 적용되는 사건의 판결서와 「상고심절차에 관한 특례법」 제4조 및 이 법 제429조 본문에 따른 판결서는 제외한다. 이하 이 조에서 같다)를 인터넷, 그 밖의 전산정보처리시스템을 통한 전자적 방법 등으로 열람 및 복사할 수 있다. 다만, 변론의 공개를 금지한 사건의 판결서로서 대법원규칙으로 정하는 경우에는 열람 및 복사를 전부 또는 일부 제한할 수 있다. 〈개정 2020. 12. 8.〉

② 제1항에 따라 열람 및 복사의 대상이 되는 판결서는 대법원규칙으로 정하는 바에 따라 판결서에 기재된 문자열 또는 숫자열이 검색어로 기능할 수 있도록 제공되어야 한다. 〈신설 2020. 12. 8.〉

③ 법원사무관등이나 그 밖의 법원공무원은 제1항에 따른 열람 및 복사에 앞서 판결서에 기재된 성명 등 개인정보가 공개되지 아니하도록 대법원규칙으로 정하는 보호조치를 하여야 한다. 〈개정 2020. 12. 8.〉

④ 제3항에 따라 개인정보 보호조치를 한 법원사무관등이나 그 밖의 법원공무원은 고의 또는 중대한 과실로 인한 것이 아니면 제1

항에 따른 열람 및 복사와 관련하여 민사상·형사상 책임을 지지 아니한다. 〈개정 2020. 12. 8.〉

⑤ 제1항의 열람 및 복사에는 제162조제4항·제5항 및 제163조를 준용한다. 〈개정 2020. 12. 8.〉

⑥ 판결서의 열람 및 복사의 방법과 절차, 개인정보 보호조치의 방법과 절차, 그 밖에 필요한 사항은 대법원규칙으로 정한다. 〈개정 2020. 12. 8.〉

[본조신설 2011. 7. 18.]

[제목개정 2020. 12. 8.]

제164조(조서에 대한 이의) 조서에 적힌 사항에 대하여 관계인이 이의를 제기한 때에는 조서에 그 취지를 적어야 한다.

제2절 전문심리위원 〈신설 2007. 7. 13.〉

제164조의2(전문심리위원의 참여) ①법원은 소송관계를 분명하게 하거나 소송절차(증거조사·화해 등을 포함한다. 이하 이 절에서 같다)를 원활하게 진행하기 위하여 직권 또는 당사자의 신청에 따른 결정으로 제164조의4제1항에 따라 전문심리위원을 지정하여 소송절차에 참여하게 할 수 있다.

②전문심리위원은 전문적인 지식을 필요로 하는 소송절차에서 설명 또는 의견을 기재한 서면을 제출하거나 기일에 출석하여 설명이나 의견을 진술할 수 있다. 다만, 재판의 합의에는 참여할 수 없다.

③전문심리위원은 기일에 재판장의 허가를 받아 당사자, 증인 또는 감정인 등 소송관계인에게 직접 질문할 수 있다.

④법원은 제2항에 따라 전문심리위원이 제출한 서면이나 전문심리위원의 설명 또는 의견의 진술에 관하여 당사자에게 구술 또는 서면에 의한 의견진술의 기회를 주어야 한다.

[본조신설 2007. 7. 13.]

제164조의3(전문심리위원 참여결정의 취소) ①법원은 상당하다고 인정하는 때에는 직권이나 당사자의 신청으로 제164조의2제1항에 따른 결정을 취소할 수 있다.

②제1항에도 불구하고 당사자가 합의로 제164조의2제1항에 따른 결정을 취소할 것을 신청하는 때에는 법원은 그 결정을 취소하여야 한다.

[본조신설 2007. 7. 13.]

제164조의4(전문심리위원의 지정 등) ①법원은 제164조의2제1항에 따라 전문심리위원을 소송절차에 참여시키는 경우 당사자의 의견을 들어 각 사건마다 1인 이상의 전문심리위원을 지정하여야 한다.

②전문심리위원에게는 대법원규칙으로 정하는 바에 따라 수당을 지급하고, 필요한 경우에는 그 밖의 여비, 일당 및 숙박료를 지급할 수 있다.

③전문심리위원의 지정에 관하여 그 밖에 필요한 사항은 대법원규칙으로 정한다.

[본조신설 2007. 7. 13.]

제164조의5(전문심리위원의 제척 및 기피) ①전문심리위원에게 제41조부터 제45조까지 및 제47조를 준용한다.

②제척 또는 기피 신청을 받은 전문심리위원은 그 신청에 관한

결정이 확정될 때까지 그 신청이 있는 사건의 소송절차에 참여할 수 없다. 이 경우 전문심리위원은 당해 제척 또는 기피 신청에 대하여 의견을 진술할 수 있다.

[본조신설 2007. 7. 13.]

제164조의6(수명법관 등의 권한) 수명법관 또는 수탁판사가 소송절차를 진행하는 경우에는 제164조의2제2항부터 제4항까지의 규정에 따른 법원 및 재판장의 직무는 그 수명법관이나 수탁판사가 행한다.

[본조신설 2007. 7. 13.]

제164조의7(비밀누설죄) 전문심리위원 또는 전문심리위원이었던 자가 그 직무수행 중에 알게 된 다른 사람의 비밀을 누설하는 경우에는 2년 이하의 징역이나 금고 또는 1천만원 이하의 벌금에 처한다.

[본조신설 2007. 7. 13.]

제164조의8(벌칙 적용에서의 공무원 의제) 전문심리위원은 「형법」 제129조부터 제132조까지의 규정에 따른 벌칙의 적용에서는 공무원으로 본다.

[본조신설 2007. 7. 13.]

제3절 기일과 기간 〈개정 2007. 7. 13.〉

제165조(기일의 지정과 변경) ①기일은 직권으로 또는 당사자의 신청에 따라 재판장이 지정한다. 다만, 수명법관 또는 수탁판사가 신문하거나 심문하는 기일은 그 수명법관 또는 수탁판사가 지정한다.

②첫 변론기일 또는 첫 변론준비기일을 바꾸는 것은 현저한 사유가 없는 경우라도 당사자들이 합의하면 이를 허가한다.

제166조(공휴일의 기일) 기일은 필요한 경우에만 공휴일로도 정할 수 있다.

제167조(기일의 통지) ①기일은 기일통지서 또는 출석요구서를 송달하여 통지한다. 다만, 그 사건으로 출석한 사람에게는 기일을 직접 고지하면 된다.

②법원은 대법원규칙이 정하는 간이한 방법에 따라 기일을 통지할 수 있다. 이 경우 기일에 출석하지 아니한 당사자·증인 또는 감정인 등에 대하여 법률상의 제재, 그 밖에 기일을 게을리 함에 따른 불이익을 줄 수 없다.

제168조(출석승낙서의 효력) 소송관계인이 일정한 기일에 출석하겠다고 적은 서면을 제출한 때에는 기일통지서 또는 출석요구서를 송달한 것과 같은 효력을 가진다.

제169조(기일의 시작) 기일은 사건과 당사자의 이름을 부름으로써 시작된다.

제170조(기간의 계산) 기간의 계산은 민법에 따른다.

제171조(기간의 시작) 기간을 정하는 재판에 시작되는 때를 정하지 아니한 경우에 그 기간은 재판의 효력이 생긴 때부터 진행한다.

제172조(기간의 신축, 부가기간) ①법원은 법정기간 또는 법원이 정한 기간을 늘이거나 줄일 수 있다. 다만, 불변기간은 그러하지 아니하다.

②법원은 불변기간에 대하여 주소 또는 거소가 멀리 떨어진 곳에 있는 사람을 위하여 부가기간(附加期間)을 정할 수 있다.

③재판장·수명법관 또는 수탁판사는 제1항 및 제2항의 규정에

따라 법원이 정한 기간 또는 자신이 정한 기간을 늘이거나 줄일 수 있다.

제173조(소송행위의 추후보완) ①당사자가 책임질 수 없는 사유로 말미암아 불변기간을 지킬 수 없었던 경우에는 그 사유가 없어진 날부터 2주 이내에 게을리 한 소송행위를 보완할 수 있다. 다만, 그 사유가 없어질 당시 외국에 있던 당사자에 대하여는 이 기간을 30일로 한다.

②제1항의 기간에 대하여는 제172조의 규정을 적용하지 아니한다.

제4절 송달 〈개정 2007. 7. 13.〉

제174조(직권송달의 원칙) 송달은 이 법에 특별한 규정이 없으면 법원이 직권으로 한다.

제175조(송달사무를 처리하는 사람) ①송달에 관한 사무는 법원사무관등이 처리한다.

②법원사무관등은 송달하는 곳의 지방법원에 속한 법원사무관등 또는 집행관에게 제1항의 사무를 촉탁할 수 있다.

제176조(송달기관) ①송달은 우편 또는 집행관에 의하거나, 그 밖에 대법원규칙이 정하는 방법에 따라서 하여야 한다.

②우편에 의한 송달은 우편집배원이 한다.

③송달기관이 송달하는 데 필요한 때에는 경찰공무원에게 원조를 요청할 수 있다. 〈개정 2006. 2. 21., 2020. 12. 22.〉

제177조(법원사무관등에 의한 송달) ①해당 사건에 출석한 사람에게는 법원사무관등이 직접 송달할 수 있다.

②법원사무관등이 그 법원안에서 송달받을 사람에게 서류를 교부하고 영수증을 받은 때에는 송달의 효력을 가진다.

제178조(교부송달의 원칙) ①송달은 특별한 규정이 없으면 송달받을 사람에게 서류의 등본 또는 부본을 교부하여야 한다.

②송달할 서류의 제출에 갈음하여 조서, 그 밖의 서면을 작성한 때에는 그 등본이나 초본을 교부하여야 한다.

제179조(소송무능력자에게 할 송달) 소송무능력자에게 할 송달은 그의 법정대리인에게 한다.

제180조(공동대리인에게 할 송달) 여러 사람이 공동으로 대리권을 행사하는 경우의 송달은 그 가운데 한 사람에게 하면 된다.

제181조(군관계인에게 할 송달) 군사용의 청사 또는 선박에 속하여 있는 사람에게 할 송달은 그 청사 또는 선박의 장에게 한다.

제182조(구속된 사람 등에게 할 송달) 교도소·구치소 또는 국가경찰관서의 유치장에 체포·구속 또는 유치(留置)된 사람에게 할 송달은 교도소·구치소 또는 국가경찰관서의 장에게 한다. 〈개정 2006. 2. 21.〉

제183조(송달장소) ①송달은 받을 사람의 주소·거소·영업소 또는 사무소(이하 "주소등"이라 한다)에서 한다. 다만, 법정대리인에게 할 송달은 본인의 영업소나 사무소에서도 할 수 있다.

②제1항의 장소를 알지 못하거나 그 장소에서 송달할 수 없는 때에는 송달받을 사람이 고용·위임 그 밖에 법률상 행위로 취업하고 있는 다른 사람의 주소등(이하 "근무장소"라 한다)에서 송달할 수 있다.

③송달받을 사람의 주소등 또는 근무장소가 국내에 없거나 알 수 없는 때에는 그를 만나는 장소에서 송달할 수 있다.

④주소등 또는 근무장소가 있는 사람의 경우에도 송달받기를 거부하지 아니하면 만나는 장소에서 송달할 수 있다.

제184조(송달받을 장소의 신고) 당사자·법정대리인 또는 소송대리인은 주소등 외의 장소(대한민국안의 장소로 한정한다)를 송달받을 장소로 정하여 법원에 신고할 수 있다. 이 경우에는 송달 영수인을 정하여 신고할 수 있다.

제185조(송달장소변경의 신고의무) ①당사자·법정대리인 또는 소송대리인이 송달받을 장소를 바꿀 때에는 바로 그 취지를 법원에 신고하여야 한다.

②제1항의 신고를 하지 아니한 사람에게 송달할 서류는 달리 송달할 장소를 알 수 없는 경우 종전에 송달받던 장소에 대법원규칙이 정하는 방법으로 발송할 수 있다.

제186조(보충송달·유치송달) ①근무장소 외의 송달할 장소에서 송달받을 사람을 만나지 못한 때에는 그 사무원, 피용자(被用者) 또는 동거인으로서 사리를 분별할 지능이 있는 사람에게 서류를 교부할 수 있다.

②근무장소에서 송달받을 사람을 만나지 못한 때에는 제183조제2항의 다른 사람 또는 그 법정대리인이나 피용자 그 밖의 종업원으로서 사리를 분별할 지능이 있는 사람이 서류의 수령을 거부하지 아니하면 그에게 서류를 교부할 수 있다.

③서류를 송달받을 사람 또는 제1항의 규정에 의하여 서류를 넘

겨받을 사람이 정당한 사유 없이 송달받기를 거부하는 때에는 송달할 장소에 서류를 놓아둘 수 있다.

제187조(우편송달) 제186조의 규정에 따라 송달할 수 없는 때에는 법원사무관등은 서류를 등기우편 등 대법원규칙이 정하는 방법으로 발송할 수 있다.

제188조(송달함 송달) ①제183조 내지 제187조의 규정에 불구하고 법원안에 송달할 서류를 넣을 함(이하 "송달함"이라 한다)을 설치하여 송달할 수 있다.

②송달함을 이용하는 송달은 법원사무관등이 한다.

③송달받을 사람이 송달함에서 서류를 수령하여 가지 아니한 경우에는 송달함에 서류를 넣은 지 3일이 지나면 송달된 것으로 본다.

④송달함의 이용절차와 수수료, 송달함을 이용하는 송달방법 및 송달함으로 송달할 서류에 관한 사항은 대법원규칙으로 정한다.

제189조(발신주의) 제185조제2항 또는 제187조의 규정에 따라 서류를 발송한 경우에는 발송한 때에 송달된 것으로 본다.

제190조(공휴일 등의 송달) ①당사자의 신청이 있는 때에는 공휴일 또는 해뜨기 전이나 해진 뒤에 집행관 또는 대법원규칙이 정하는 사람에 의하여 송달할 수 있다.

②제1항의 규정에 따라 송달하는 때에는 법원사무관등은 송달할 서류에 그 사유를 덧붙여 적어야 한다.

③제1항과 제2항의 규정에 어긋나는 송달은 서류를 교부받을 사람이 이를 영수한 때에만 효력을 가진다.

제191조(외국에서 하는 송달의 방법) 외국에서 하여야 하는 송달은

재판장이 그 나라에 주재하는 대한민국의 대사·공사·영사 또는 그 나라의 관할 공공기관에 촉탁한다.

제192조(전쟁에 나간 군인 또는 외국에 주재하는 군관계인 등에게 할 송달) ①전쟁에 나간 군대, 외국에 주둔하는 군대에 근무하는 사람 또는 군에 복무하는 선박의 승무원에게 할 송달은 재판장이 그 소속 사령관에게 촉탁한다.

②제1항의 송달에 대하여는 제181조의 규정을 준용한다.

제193조(송달통지) 송달한 기관은 송달에 관한 사유를 대법원규칙이 정하는 방법으로 법원에 알려야 한다.

제194조(공시송달의 요건) ①당사자의 주소등 또는 근무장소를 알 수 없는 경우 또는 외국에서 하여야 할 송달에 관하여 제191조의 규정에 따를 수 없거나 이에 따라도 효력이 없을 것으로 인정되는 경우에는 법원사무관등은 직권으로 또는 당사자의 신청에 따라 공시송달을 할 수 있다. 〈개정 2014. 12. 30.〉

②제1항의 신청에는 그 사유를 소명하여야 한다.

③ 재판장은 제1항의 경우에 소송의 지연을 피하기 위하여 필요하다고 인정하는 때에는 공시송달을 명할 수 있다. 〈신설 2014. 12. 30.〉

④ 원고가 소권(항소권을 포함한다)을 남용하여 청구가 이유 없음이 명백한 소를 반복적으로 제기한 것에 대하여 법원이 변론 없이 판결로 소를 각하하는 경우에는 재판장은 직권으로 피고에 대하여 공시송달을 명할 수 있다. 〈신설 2023. 4. 18.〉

⑤ 재판장은 직권으로 또는 신청에 따라 법원사무관등의 공시송달

처분을 취소할 수 있다. 〈신설 2014. 12. 30., 2023. 4. 18.〉

제195조(공시송달의 방법) 공시송달은 법원사무관등이 송달할 서류를 보관하고 그 사유를 법원게시판에 게시하거나, 그 밖에 대법원규칙이 정하는 방법에 따라서 하여야 한다.

제196조(공시송달의 효력발생) ①첫 공시송달은 제195조의 규정에 따라 실시한 날부터 2주가 지나야 효력이 생긴다. 다만, 같은 당사자에게 하는 그 뒤의 공시송달은 실시한 다음 날부터 효력이 생긴다.

②외국에서 할 송달에 대한 공시송달의 경우에는 제1항 본문의 기간은 2월로 한다.

③제1항 및 제2항의 기간은 줄일 수 없다.

제197조(수명법관 등의 송달권한) 수명법관 및 수탁판사와 송달하는 곳의 지방법원판사도 송달에 대한 재판장의 권한을 행사할 수 있다.

제5절 재판 〈개정 2007. 7. 13.〉

제198조(종국판결) 법원은 소송의 심리를 마치고 나면 종국판결(終局判決)을 한다.

제199조(종국판결 선고기간) 판결은 소가 제기된 날부터 5월 이내에 선고한다. 다만, 항소심 및 상고심에서는 기록을 받은 날부터 5월 이내에 선고한다.

제200조(일부판결) ①법원은 소송의 일부에 대한 심리를 마친 경우 그 일부에 대한 종국판결을 할 수 있다.

②변론을 병합한 여러 개의 소송 가운데 한 개의 심리를 마친 경우와, 본소(本訴)나 반소의 심리를 마친 경우에는 제1항의 규정을

준용한다.

제201조(중간판결) ①법원은 독립된 공격 또는 방어의 방법, 그 밖의 중간의 다툼에 대하여 필요한 때에는 중간판결(中間判決)을 할 수 있다.

②청구의 원인과 액수에 대하여 다툼이 있는 경우에 그 원인에 대하여도 중간판결을 할 수 있다.

제202조(자유심증주의) 법원은 변론 전체의 취지와 증거조사의 결과를 참작하여 자유로운 심증으로 사회정의와 형평의 이념에 입각하여 논리와 경험의 법칙에 따라 사실주장이 진실한지 아닌지를 판단한다.

제202조의2(손해배상 액수의 산정) 손해가 발생한 사실은 인정되나 구체적인 손해의 액수를 증명하는 것이 사안의 성질상 매우 어려운 경우에 법원은 변론 전체의 취지와 증거조사의 결과에 의하여 인정되는 모든 사정을 종합하여 상당하다고 인정되는 금액을 손해배상 액수로 정할 수 있다.

[본조신설 2016. 3. 29.]

제203조(처분권주의) 법원은 당사자가 신청하지 아니한 사항에 대하여는 판결하지 못한다.

제204조(직접주의) ①판결은 기본이 되는 변론에 관여한 법관이 하여야 한다.

②법관이 바뀐 경우에 당사자는 종전의 변론결과를 진술하여야 한다.

③단독사건의 판사가 바뀐 경우에 종전에 신문한 증인에 대하여

당사자가 다시 신문신청을 한 때에는 법원은 그 신문을 하여야 한다. 합의부 법관의 반수 이상이 바뀐 경우에도 또한 같다.

제205조(판결의 효력발생) 판결은 선고로 효력이 생긴다.

제206조(선고의 방식) 판결은 재판장이 판결원본에 따라 주문을 읽어 선고하며, 필요한 때에는 이유를 간략히 설명할 수 있다.

제207조(선고기일) ①판결은 변론이 종결된 날부터 2주 이내에 선고하여야 하며, 복잡한 사건이나 그 밖의 특별한 사정이 있는 때에도 변론이 종결된 날부터 4주를 넘겨서는 아니 된다.

②판결은 당사자가 출석하지 아니하여도 선고할 수 있다.

제208조(판결서의 기재사항 등) ①판결서에는 다음 각호의 사항을 적고, 판결한 법관이 서명날인하여야 한다.

1. 당사자와 법정대리인
2. 주문
3. 청구의 취지 및 상소의 취지
4. 이유
5. 변론을 종결한 날짜. 다만, 변론 없이 판결하는 경우에는 판결을 선고하는 날짜
6. 법원

②판결서의 이유에는 주문이 정당하다는 것을 인정할 수 있을 정도로 당사자의 주장, 그 밖의 공격·방어방법에 관한 판단을 표시한다.

③제2항의 규정에 불구하고 제1심 판결로서 다음 각호 가운데 어느 하나에 해당하는 경우에는 청구를 특정함에 필요한 사항과 제

216조제2항의 판단에 관한 사항만을 간략하게 표시할 수 있다.

1. 제257조의 규정에 의한 무변론 판결

2. 제150조제3항이 적용되는 경우의 판결

3. 피고가 제194조 내지 제196조의 규정에 의한 공시송달로 기일통지를 받고 변론기일에 출석하지 아니한 경우의 판결

④법관이 판결서에 서명날인함에 지장이 있는 때에는 다른 법관이 판결에 그 사유를 적고 서명날인하여야 한다.

제209조(법원사무관등에 대한 교부) 판결서는 선고한 뒤에 바로 법원사무관등에게 교부하여야 한다.

제210조(판결서의 송달) ①법원사무관등은 판결서를 받은 날부터 2주 이내에 당사자에게 송달하여야 한다.

②판결서는 정본으로 송달한다.

제211조(판결의 경정) ①판결에 잘못된 계산이나 기재, 그 밖에 이와 비슷한 잘못이 있음이 분명한 때에 법원은 직권으로 또는 당사자의 신청에 따라 경정결정(更正決定)을 할 수 있다.

②경정결정은 판결의 원본과 정본에 덧붙여 적어야 한다. 다만, 정본에 덧붙여 적을 수 없을 때에는 결정의 정본을 작성하여 당사자에게 송달하여야 한다.

③경정결정에 대하여는 즉시항고를 할 수 있다. 다만, 판결에 대하여 적법한 항소가 있는 때에는 그러하지 아니하다.

제212조(재판의 누락) ①법원이 청구의 일부에 대하여 재판을 누락한 경우에 그 청구부분에 대하여는 그 법원이 계속하여 재판한다.

②소송비용의 재판을 누락한 경우에는 법원은 직권으로 또는 당사

자의 신청에 따라 그 소송비용에 대한 재판을 한다. 이 경우 제114조의 규정을 준용한다.

③제2항의 규정에 따른 소송비용의 재판은 본안판결에 대하여 적법한 항소가 있는 때에는 그 효력을 잃는다. 이 경우 항소법원은 소송의 총비용에 대하여 재판을 한다.

제213조(가집행의 선고) ①재산권의 청구에 관한 판결은 가집행(假執行)의 선고를 붙이지 아니할 상당한 이유가 없는 한 직권으로 담보를 제공하거나, 제공하지 아니하고 가집행을 할 수 있다는 것을 선고하여야 한다. 다만, 어음금·수표금 청구에 관한 판결에는 담보를 제공하게 하지 아니하고 가집행의 선고를 하여야 한다.

②법원은 직권으로 또는 당사자의 신청에 따라 채권전액을 담보로 제공하고 가집행을 면제받을 수 있다는 것을 선고할 수 있다.

③제1항 및 제2항의 선고는 판결주문에 적어야 한다.

제214조(소송비용담보규정의 준용) 제213조의 담보에는 제122조·제123조·제125조 및 제126조의 규정을 준용한다.

제215조(가집행선고의 실효, 가집행의 원상회복과 손해배상) ①가집행의 선고는 그 선고 또는 본안판결을 바꾸는 판결의 선고로 바뀌는 한도에서 그 효력을 잃는다.

②본안판결을 바꾸는 경우에는 법원은 피고의 신청에 따라 그 판결에서 가집행의 선고에 따라 지급한 물건을 돌려 줄 것과, 가집행으로 말미암은 손해 또는 그 면제를 받기 위하여 입은 손해를 배상할 것을 원고에게 명하여야 한다.

③가집행의 선고를 바꾼 뒤 본안판결을 바꾸는 경우에는 제2항의

규정을 준용한다.

제216조(기판력의 객관적 범위) ①확정판결(確定判決)은 주문에 포함된 것에 한하여 기판력(旣判力)을 가진다.

②상계를 주장한 청구가 성립되는지 아닌지의 판단은 상계하자고 대항한 액수에 한하여 기판력을 가진다.

제217조(외국재판의 승인) ①외국법원의 확정판결 또는 이와 동일한 효력이 인정되는 재판(이하 "확정재판등"이라 한다)은 다음 각호의 요건을 모두 갖추어야 승인된다. 〈개정 2014. 5. 20.〉

1. 대한민국의 법령 또는 조약에 따른 국제재판관할의 원칙상 그 외국법원의 국제재판관할권이 인정될 것

2. 패소한 피고가 소장 또는 이에 준하는 서면 및 기일통지서나 명령을 적법한 방식에 따라 방어에 필요한 시간여유를 두고 송달받았거나(공시송달이나 이와 비슷한 송달에 의한 경우를 제외한다) 송달받지 아니하였더라도 소송에 응하였을 것

3. 그 확정재판등의 내용 및 소송절차에 비추어 그 확정재판등의 승인이 대한민국의 선량한 풍속이나 그 밖의 사회질서에 어긋나지 아니할 것

4. 상호보증이 있거나 대한민국과 그 외국법원이 속하는 국가에 있어 확정재판등의 승인요건이 현저히 균형을 상실하지 아니하고 중요한 점에서 실질적으로 차이가 없을 것

② 법원은 제1항의 요건이 충족되었는지에 관하여 직권으로 조사하여야 한다. 〈신설 2014. 5. 20.〉

[제목개정 2014. 5. 20.]

제217조의2(손해배상에 관한 확정재판등의 승인) ① 법원은 손해배상에 관한 확정재판등이 대한민국의 법률 또는 대한민국이 체결한 국제조약의 기본질서에 현저히 반하는 결과를 초래할 경우에는 해당 확정재판등의 전부 또는 일부를 승인할 수 없다.

② 법원은 제1항의 요건을 심리할 때에는 외국법원이 인정한 손해배상의 범위에 변호사보수를 비롯한 소송과 관련된 비용과 경비가 포함되는지와 그 범위를 고려하여야 한다.

[본조신설 2014. 5. 20.]

제218조(기판력의 주관적 범위) ①확정판결은 당사자, 변론을 종결한 뒤의 승계인(변론 없이 한 판결의 경우에는 판결을 선고한 뒤의 승계인) 또는 그를 위하여 청구의 목적물을 소지한 사람에 대하여 효력이 미친다.

②제1항의 경우에 당사자가 변론을 종결할 때(변론 없이 한 판결의 경우에는 판결을 선고할 때)까지 승계사실을 진술하지 아니한 때에는 변론을 종결한 뒤(변론 없이 한 판결의 경우에는 판결을 선고한 뒤)에 승계한 것으로 추정한다.

③다른 사람을 위하여 원고나 피고가 된 사람에 대한 확정판결은 그 다른 사람에 대하여도 효력이 미친다.

④가집행의 선고에는 제1항 내지 제3항의 규정을 준용한다.

제219조(변론 없이 하는 소의 각하) 부적법한 소로서 그 흠을 보정할 수 없는 경우에는 변론 없이 판결로 소를 각하할 수 있다.

제219조의2(소권 남용에 대한 제재) 원고가 소권(항소권을 포함한다)을 남용하여 청구가 이유 없음이 명백한 소를 반복적으로 제기한

경우에는 법원은 결정으로 500만원 이하의 과태료에 처한다.

[본조신설 2023. 4. 18.]

제220조(화해, 청구의 포기·인낙조서의 효력) 화해, 청구의 포기·인낙을 변론조서·변론준비기일조서에 적은 때에는 그 조서는 확정판결과 같은 효력을 가진다.

제221조(결정·명령의 고지) ①결정과 명령은 상당한 방법으로 고지하면 효력을 가진다.

②법원사무관등은 고지의 방법·장소와 날짜를 재판의 원본에 덧붙여 적고 날인하여야 한다.

제222조(소송지휘에 관한 재판의 취소) 소송의 지휘에 관한 결정과 명령은 언제든지 취소할 수 있다.

제223조(법원사무관등의 처분에 대한 이의) 법원사무관등의 처분에 관한 이의신청에 대하여는 그 법원사무관등이 속한 법원이 결정으로 재판한다.

제224조(판결규정의 준용) ①성질에 어긋나지 아니하는 한, 결정과 명령에는 판결에 관한 규정을 준용한다. 다만, 법관의 서명은 기명으로 갈음할 수 있고, 이유를 적는 것을 생략할 수 있다.

②이 법에 따른 과태료재판에는 비송사건절차법 제248조 및 제250조 가운데 검사에 관한 규정을 적용하지 아니한다.

제6절 화해권고결정 〈개정 2007. 7. 13.〉

제225조(결정에 의한 화해권고) ①법원·수명법관 또는 수탁판사는 소송에 계속중인 사건에 대하여 직권으로 당사자의 이익, 그 밖의

모든 사정을 참작하여 청구의 취지에 어긋나지 아니하는 범위안에서 사건의 공평한 해결을 위한 화해권고결정(和解勸告決定)을 할 수 있다.

②법원사무관등은 제1항의 결정내용을 적은 조서 또는 결정서의 정본을 당사자에게 송달하여야 한다. 다만, 그 송달은 제185조제2항·제187조 또는 제194조에 규정한 방법으로는 할 수 없다.

제226조(결정에 대한 이의신청) ①당사자는 제225조의 결정에 대하여 그 조서 또는 결정서의 정본을 송달받은 날부터 2주 이내에 이의를 신청할 수 있다. 다만, 그 정본이 송달되기 전에도 이의를 신청할 수 있다.

②제1항의 기간은 불변기간으로 한다.

제227조(이의신청의 방식) ①이의신청은 이의신청서를 화해권고결정을 한 법원에 제출함으로써 한다.

②이의신청서에는 다음 각호의 사항을 적어야 한다.

1. 당사자와 법정대리인
2. 화해권고결정의 표시와 그에 대한 이의신청의 취지

③이의신청서에는 준비서면에 관한 규정을 준용한다.

④제226조제1항의 규정에 따라 이의를 신청한 때에는 이의신청의 상대방에게 이의신청서의 부본을 송달하여야 한다.

제228조(이의신청의 취하) ①이의신청을 한 당사자는 그 심급의 판결이 선고될 때까지 상대방의 동의를 얻어 이의신청을 취하할 수 있다.

②제1항의 취하에는 제266조제3항 내지 제6항을 준용한다. 이 경

우 "소"는 "이의신청"으로 본다.

제229조(이의신청권의 포기) ①이의신청권은 그 신청전까지 포기할 수 있다.

②이의신청권의 포기는 서면으로 하여야 한다.

③제2항의 서면은 상대방에게 송달하여야 한다.

제230조(이의신청의 각하) ①법원·수명법관 또는 수탁판사는 이의신청이 법령상의 방식에 어긋나거나 신청권이 소멸된 뒤의 것임이 명백한 경우에는 그 흠을 보정할 수 없으면 결정으로 이를 각하하여야 하며, 수명법관 또는 수탁판사가 각하하지 아니한 때에는 수소법원이 결정으로 각하한다.

②제1항의 결정에 대하여는 즉시항고를 할 수 있다.

제231조(화해권고결정의 효력) 화해권고결정은 다음 각호 가운데 어느 하나에 해당하면 재판상 화해와 같은 효력을 가진다.

1. 제226조제1항의 기간 이내에 이의신청이 없는 때
2. 이의신청에 대한 각하결정이 확정된 때
3. 당사자가 이의신청을 취하하거나 이의신청권을 포기한 때

제232조(이의신청에 의한 소송복귀 등) ①이의신청이 적법한 때에는 소송은 화해권고결정 이전의 상태로 돌아간다. 이 경우 그 이전에 행한 소송행위는 그대로 효력을 가진다.

②화해권고결정은 그 심급에서 판결이 선고된 때에는 그 효력을 잃는다.

제7절 소송절차의 중단과 중지 〈개정 2007. 7. 13.〉

제233조(당사자의 사망으로 말미암은 중단) ①당사자가 죽은 때에 소송절차는 중단된다. 이 경우 상속인·상속재산관리인, 그 밖에 법률에 의하여 소송을 계속하여 수행할 사람이 소송절차를 수계(受繼)하여야 한다.

②상속인은 상속포기를 할 수 있는 동안 소송절차를 수계하지 못한다.

제234조(법인의 합병으로 말미암은 중단) 당사자인 법인이 합병에 의하여 소멸된 때에 소송절차는 중단된다. 이 경우 합병에 의하여 설립된 법인 또는 합병한 뒤의 존속법인이 소송절차를 수계하여야 한다.

제235조(소송능력의 상실, 법정대리권의 소멸로 말미암은 중단) 당사자가 소송능력을 잃은 때 또는 법정대리인이 죽거나 대리권을 잃은 때에 소송절차는 중단된다. 이 경우 소송능력을 회복한 당사자 또는 법정대리인이 된 사람이 소송절차를 수계하여야 한다.

제236조(수탁자의 임무가 끝남으로 말미암은 중단) 신탁으로 말미암은 수탁자의 위탁임무가 끝난 때에 소송절차는 중단된다. 이 경우 새로운 수탁자가 소송절차를 수계하여야 한다.

제237조(자격상실로 말미암은 중단) ①일정한 자격에 의하여 자기 이름으로 남을 위하여 소송당사자가 된 사람이 그 자격을 잃거나 죽은 때에 소송절차는 중단된다. 이 경우 같은 자격을 가진 사람이 소송절차를 수계하여야 한다.

②제53조의 규정에 따라 당사자가 될 사람을 선정한 소송에서 선정된 당사자 모두가 자격을 잃거나 죽은 때에 소송절차는 중단된다.

이 경우 당사자를 선정한 사람 모두 또는 새로 당사자로 선정된 사람이 소송절차를 수계하여야 한다.

제238조(소송대리인이 있는 경우의 제외) 소송대리인이 있는 경우에는 제233조제1항, 제234조 내지 제237조의 규정을 적용하지 아니한다.

제239조(당사자의 파산으로 말미암은 중단) 당사자가 파산선고를 받은 때에 파산재단에 관한 소송절차는 중단된다. 이 경우 「채무자 회생 및 파산에 관한 법률」에 따른 수계가 이루어지기 전에 파산절차가 해지되면 파산선고를 받은 자가 당연히 소송절차를 수계한다. 〈개정 2005. 3. 31.〉

제240조(파산절차의 해지로 말미암은 중단) 「채무자 회생 및 파산에 관한 법률」에 따라 파산재단에 관한 소송의 수계가 이루어진 뒤 파산절차가 해지된 때에 소송절차는 중단된다. 이 경우 파산선고를 받은 자가 소송절차를 수계하여야 한다. 〈개정 2005. 3. 31.〉

제241조(상대방의 수계신청권) 소송절차의 수계신청은 상대방도 할 수 있다.

제242조(수계신청의 통지) 소송절차의 수계신청이 있는 때에는 법원은 상대방에게 이를 통지하여야 한다.

제243조(수계신청에 대한 재판) ①소송절차의 수계신청은 법원이 직권으로 조사하여 이유가 없다고 인정한 때에는 결정으로 기각하여야 한다.

②재판이 송달된 뒤에 중단된 소송절차의 수계에 대하여는 그 재판을 한 법원이 결정하여야 한다.

제244조(직권에 의한 속행명령) 법원은 당사자가 소송절차를 수계하지 아니하는 경우에 직권으로 소송절차를 계속하여 진행하도록 명할

수 있다.

제245조(법원의 직무집행 불가능으로 말미암은 중지) 천재지변, 그 밖의 사고로 법원이 직무를 수행할 수 없을 경우에 소송절차는 그 사고가 소멸될 때까지 중지된다.

제246조(당사자의 장애로 말미암은 중지) ①당사자가 일정하지 아니한 기간동안 소송행위를 할 수 없는 장애사유가 생긴 경우에는 법원은 결정으로 소송절차를 중지하도록 명할 수 있다.

②법원은 제1항의 결정을 취소할 수 있다.

제247조(소송절차 정지의 효과) ①판결의 선고는 소송절차가 중단된 중에도 할 수 있다.

②소송절차의 중단 또는 중지는 기간의 진행을 정지시키며, 소송절차의 수계사실을 통지한 때 또는 소송절차를 다시 진행한 때부터 전체기간이 새로이 진행된다.

제2편 제1심의 소송절차

제1장 소의 제기

제248조(소제기의 방식) ① 소를 제기하려는 자는 법원에 소장을 제출하여야 한다.

② 법원은 소장에 붙이거나 납부한 인지액이 「민사소송 등 인지법」 제13조제2항 각 호에서 정한 금액에 미달하는 경우 소장의 접수를 보류할 수 있다.

③ 법원에 제출한 소장이 접수되면 소장이 제출된 때에 소가 제기된 것으로 본다.

[전문개정 2023. 4. 18.]

제249조(소장의 기재사항) ①소장에는 당사자와 법정대리인, 청구의 취지와 원인을 적어야 한다.

②소장에는 준비서면에 관한 규정을 준용한다.

제250조(증서의 진정여부를 확인하는 소) 확인의 소는 법률관계를 증명하는 서면이 진정한지 아닌지를 확정하기 위하여서도 제기할 수 있다.

제251조(장래의 이행을 청구하는 소) 장래에 이행할 것을 청구하는 소는 미리 청구할 필요가 있어야 제기할 수 있다.

제252조(정기금판결과 변경의 소) ①정기금(定期金)의 지급을 명한 판결이 확정된 뒤에 그 액수산정의 기초가 된 사정이 현저하게 바뀜으로써 당사자 사이의 형평을 크게 침해할 특별한 사정이 생긴 때에는 그 판결의 당사자는 장차 지급할 정기금 액수를 바꾸어 달라는 소를 제기할 수 있다.

②제1항의 소는 제1심 판결법원의 전속관할로 한다.

제253조(소의 객관적 병합) 여러 개의 청구는 같은 종류의 소송절차에 따르는 경우에만 하나의 소로 제기할 수 있다.

제254조(재판장등의 소장심사권) ①소장이 제249조제1항의 규정에 어긋나는 경우와 소장에 법률의 규정에 따른 인지를 붙이지 아니한 경우에는 재판장은 상당한 기간을 정하고, 그 기간 이내에 흠을 보정하도록 명하여야 한다. 재판장은 법원사무관등으로 하여금 위 보정명령을 하게 할 수 있다. 〈개정 2014. 12. 30.〉

②원고가 제1항의 기간 이내에 흠을 보정하지 아니한 때에는 재

판장은 명령으로 소장을 각하하여야 한다.

③제2항의 명령에 대하여는 즉시항고를 할 수 있다.

④재판장은 소장을 심사하면서 필요하다고 인정하는 경우에는 원고에게 청구하는 이유에 대응하는 증거방법을 구체적으로 적어 내도록 명할 수 있으며, 원고가 소장에 인용한 서증(書證)의 등본 또는 사본을 붙이지 아니한 경우에는 이를 제출하도록 명할 수 있다.

[제목개정 2014. 12. 30.]

제255조(소장부본의 송달) ①법원은 소장의 부본을 피고에게 송달하여야 한다.

②소장의 부본을 송달할 수 없는 경우에는 제254조제1항 내지 제3항의 규정을 준용한다.

제256조(답변서의 제출의무) ①피고가 원고의 청구를 다투는 경우에는 소장의 부본을 송달받은 날부터 30일 이내에 답변서를 제출하여야 한다. 다만, 피고가 공시송달의 방법에 따라 소장의 부본을 송달받은 경우에는 그러하지 아니하다.

②법원은 소장의 부본을 송달할 때에 제1항의 취지를 피고에게 알려야 한다.

③법원은 답변서의 부본을 원고에게 송달하여야 한다.

④답변서에는 준비서면에 관한 규정을 준용한다.

제257조(변론 없이 하는 판결) ①법원은 피고가 제256조제1항의 답변서를 제출하지 아니한 때에는 청구의 원인이 된 사실을 자백한 것으로 보고 변론 없이 판결할 수 있다. 다만, 직권으로 조사할 사항이 있거나 판결이 선고되기까지 피고가 원고의 청구를 다투는 취

지의 답변서를 제출한 경우에는 그러하지 아니하다.

②피고가 청구의 원인이 된 사실을 모두 자백하는 취지의 답변서를 제출하고 따로 항변을 하지 아니한 때에는 제1항의 규정을 준용한다.

③법원은 피고에게 소장의 부본을 송달할 때에 제1항 및 제2항의 규정에 따라 변론 없이 판결을 선고할 기일을 함께 통지할 수 있다.

제258조(변론기일의 지정) ① 재판장은 제257조제1항 및 제2항에 따라 변론 없이 판결하는 경우 외에는 바로 변론기일을 정하여야 한다. 다만, 사건을 변론준비절차에 부칠 필요가 있는 경우에는 그러하지 아니하다.

② 재판장은 변론준비절차가 끝난 경우에는 바로 변론기일을 정하여야 한다.

[전문개정 2008. 12. 26.]

제259조(중복된 소제기의 금지) 법원에 계속되어 있는 사건에 대하여 당사자는 다시 소를 제기하지 못한다.

제260조(피고의 경정) ①원고가 피고를 잘못 지정한 것이 분명한 경우에는 제1심 법원은 변론을 종결할 때까지 원고의 신청에 따라 결정으로 피고를 경정하도록 허가할 수 있다. 다만, 피고가 본안에 관하여 준비서면을 제출하거나, 변론준비기일에서 진술하거나 변론을 한 뒤에는 그의 동의를 받아야 한다.

②피고의 경정은 서면으로 신청하여야 한다.

③제2항의 서면은 상대방에게 송달하여야 한다. 다만, 피고에게 소장의 부본을 송달하지 아니한 경우에는 그러하지 아니하다.

④피고가 제3항의 서면을 송달받은 날부터 2주 이내에 이의를 제기하지 아니하면 제1항 단서와 같은 동의를 한 것으로 본다.

제261조(경정신청에 관한 결정의 송달 등) ①제260조제1항의 신청에 대한 결정은 피고에게 송달하여야 한다. 다만, 피고에게 소장의 부본을 송달하지 아니한 때에는 그러하지 아니하다.

②신청을 허가하는 결정을 한 때에는 그 결정의 정본과 소장의 부본을 새로운 피고에게 송달하여야 한다.

③신청을 허가하는 결정에 대하여는 동의가 없었다는 사유로만 즉시항고를 할 수 있다.

④신청을 허가하는 결정을 한 때에는 종전의 피고에 대한 소는 취하된 것으로 본다.

제262조(청구의 변경) ①원고는 청구의 기초가 바뀌지 아니하는 한도안에서 변론을 종결할 때(변론 없이 한 판결의 경우에는 판결을 선고할 때)까지 청구의 취지 또는 원인을 바꿀 수 있다. 다만, 소송절차를 현저히 지연시키는 경우에는 그러하지 아니하다.

②청구취지의 변경은 서면으로 신청하여야 한다.

③제2항의 서면은 상대방에게 송달하여야 한다.

제263조(청구의 변경의 불허가) 법원이 청구의 취지 또는 원인의 변경이 옳지 아니하다고 인정한 때에는 직권으로 또는 상대방의 신청에 따라 변경을 허가하지 아니하는 결정을 하여야 한다.

제264조(중간확인의 소) ①재판이 소송의 진행중에 쟁점이 된 법률관계의 성립여부에 매인 때에 당사자는 따로 그 법률관계의 확인을 구하는 소를 제기할 수 있다. 다만, 이는 그 확인청구가 다른 법원

의 관할에 전속되지 아니하는 때에 한한다.

②제1항의 청구는 서면으로 하여야 한다.

③제2항의 서면은 상대방에게 송달하여야 한다.

제265조(소제기에 따른 시효중단의 시기) 시효의 중단 또는 법률상 기간을 지킴에 필요한 재판상 청구는 소를 제기한 때 또는 제260조제2항·제262조제2항 또는 제264조제2항의 규정에 따라 서면을 법원에 제출한 때에 그 효력이 생긴다.

제266조(소의 취하) ①소는 판결이 확정될 때까지 그 전부나 일부를 취하할 수 있다.

②소의 취하는 상대방이 본안에 관하여 준비서면을 제출하거나 변론준비기일에서 진술하거나 변론을 한 뒤에는 상대방의 동의를 받아야 효력을 가진다.

③소의 취하는 서면으로 하여야 한다. 다만, 변론 또는 변론준비기일에서 말로 할 수 있다.

④소장을 송달한 뒤에는 취하의 서면을 상대방에게 송달하여야 한다.

⑤제3항 단서의 경우에 상대방이 변론 또는 변론준비기일에 출석하지 아니한 때에는 그 기일의 조서등본을 송달하여야 한다.

⑥소취하의 서면이 송달된 날부터 2주 이내에 상대방이 이의를 제기하지 아니한 경우에는 소취하에 동의한 것으로 본다. 제3항 단서의 경우에 있어서, 상대방이 기일에 출석한 경우에는 소를 취하한 날부터, 상대방이 기일에 출석하지 아니한 경우에는 제5항의 등본이 송달된 날부터 2주 이내에 상대방이 이의를 제기하지 아니하는 때에도 또한 같다.

제267조(소취하의 효과) ①취하된 부분에 대하여는 소가 처음부터 계속되지 아니한 것으로 본다.

②본안에 대한 종국판결이 있은 뒤에 소를 취하한 사람은 같은 소를 제기하지 못한다.

제268조(양 쪽 당사자가 출석하지 아니한 경우) ①양 쪽 당사자가 변론기일에 출석하지 아니하거나 출석하였다 하더라도 변론하지 아니한 때에는 재판장은 다시 변론기일을 정하여 양 쪽 당사자에게 통지하여야 한다.

②제1항의 새 변론기일 또는 그 뒤에 열린 변론기일에 양 쪽 당사자가 출석하지 아니하거나 출석하였다 하더라도 변론하지 아니한 때에는 1월 이내에 기일지정신청을 하지 아니하면 소를 취하한 것으로 본다.

③제2항의 기일지정신청에 따라 정한 변론기일 또는 그 뒤의 변론기일에 양쪽 당사자가 출석하지 아니하거나 출석하였다 하더라도 변론하지 아니한 때에는 소를 취하한 것으로 본다.

④상소심의 소송절차에는 제1항 내지 제3항의 규정을 준용한다. 다만, 상소심에서는 상소를 취하한 것으로 본다.

제269조(반소) ①피고는 소송절차를 현저히 지연시키지 아니하는 경우에만 변론을 종결할 때까지 본소가 계속된 법원에 반소를 제기할 수 있다. 다만, 소송의 목적이 된 청구가 다른 법원의 관할에 전속되지 아니하고 본소의 청구 또는 방어의 방법과 서로 관련이 있어야 한다.

②본소가 단독사건인 경우에 피고가 반소로 합의사건에 속하는 청

구를 한 때에는 법원은 직권 또는 당사자의 신청에 따른 결정으로 본소와 반소를 합의부에 이송하여야 한다. 다만, 반소에 관하여 제30조의 규정에 따른 관할권이 있는 경우에는 그러하지 아니하다.

제270조(반소의 절차) 반소는 본소에 관한 규정을 따른다.

제271조(반소의 취하) 본소가 취하된 때에는 피고는 원고의 동의 없이 반소를 취하할 수 있다.

제2장 변론과 그 준비

제272조(변론의 집중과 준비) ①변론은 집중되어야 하며, 당사자는 변론을 서면으로 준비하여야 한다.

②단독사건의 변론은 서면으로 준비하지 아니할 수 있다. 다만, 상대방이 준비하지 아니하면 진술할 수 없는 사항은 그러하지 아니하다.

제273조(준비서면의 제출 등) 준비서면은 그것에 적힌 사항에 대하여 상대방이 준비하는 데 필요한 기간을 두고 제출하여야 하며, 법원은 상대방에게 그 부본을 송달하여야 한다.

제274조(준비서면의 기재사항) ①준비서면에는 다음 각호의 사항을 적고, 당사자 또는 대리인이 기명날인 또는 서명한다.

1. 당사자의 성명 · 명칭 또는 상호와 주소
2. 대리인의 성명과 주소
3. 사건의 표시
4. 공격 또는 방어의 방법
5. 상대방의 청구와 공격 또는 방어의 방법에 대한 진술

6. 덧붙인 서류의 표시
7. 작성한 날짜
8. 법원의 표시

②제1항제4호 및 제5호의 사항에 대하여는 사실상 주장을 증명하기 위한 증거방법과 상대방의 증거방법에 대한 의견을 함께 적어야 한다.

제275조(준비서면의 첨부서류) ①당사자가 가지고 있는 문서로서 준비서면에 인용한 것은 그 등본 또는 사본을 붙여야 한다.

②문서의 일부가 필요한 때에는 그 부분에 대한 초본을 붙이고, 문서가 많을 때에는 그 문서를 표시하면 된다.

③제1항 및 제2항의 문서는 상대방이 요구하면 그 원본을 보여주어야 한다.

제276조(준비서면에 적지 아니한 효과) 준비서면에 적지 아니한 사실은 상대방이 출석하지 아니한 때에는 변론에서 주장하지 못한다. 다만, 제272조제2항 본문의 규정에 따라 준비서면을 필요로 하지 아니하는 경우에는 그러하지 아니하다.

제277조(번역문의 첨부) 외국어로 작성된 문서에는 번역문을 붙여야 한다.

제278조(요약준비서면) 재판장은 당사자의 공격방어방법의 요지를 파악하기 어렵다고 인정하는 때에는 변론을 종결하기에 앞서 당사자에게 쟁점과 증거의 정리 결과를 요약한 준비서면을 제출하도록 할 수 있다.

제279조(변론준비절차의 실시) ①변론준비절차에서는 변론이 효율적이고 집중적으로 실시될 수 있도록 당사자의 주장과 증거를 정리하

여야 한다. 〈개정 2008. 12. 26.〉

②재판장은 특별한 사정이 있는 때에는 변론기일을 연 뒤에도 사건을 변론준비절차에 부칠 수 있다.

제280조(변론준비절차의 진행) ①변론준비절차는 기간을 정하여, 당사자로 하여금 준비서면, 그 밖의 서류를 제출하게 하거나 당사자 사이에 이를 교환하게 하고 주장사실을 증명할 증거를 신청하게 하는 방법으로 진행한다.

②변론준비절차의 진행은 재판장이 담당한다.

③합의사건의 경우 재판장은 합의부원을 수명법관으로 지정하여 변론준비절차를 담당하게 할 수 있다.

④재판장은 필요하다고 인정하는 때에는 변론준비절차의 진행을 다른 판사에게 촉탁할 수 있다.

제281조(변론준비절차에서의 증거조사) ①변론준비절차를 진행하는 재판장, 수명법관, 제280조제4항의 판사(이하 "재판장등"이라 한다)는 변론의 준비를 위하여 필요하다고 인정하면 증거결정을 할 수 있다.

②합의사건의 경우에 제1항의 증거결정에 대한 당사자의 이의신청에 관하여는 제138조의 규정을 준용한다.

③재판장등은 제279조제1항의 목적을 달성하기 위하여 필요한 범위안에서 증거조사를 할 수 있다. 다만, 증인신문 및 당사자신문은 제313조에 해당되는 경우에만 할 수 있다.

④제1항 및 제3항의 경우에는 재판장등이 이 법에서 정한 법원과 재판장의 직무를 행한다.

제282조(변론준비기일) ①재판장등은 변론준비절차를 진행하는 동안

에 주장 및 증거를 정리하기 위하여 필요하다고 인정하는 때에는 변론준비기일을 열어 당사자를 출석하게 할 수 있다.

②사건이 변론준비절차에 부쳐진 뒤 변론준비기일이 지정됨이 없이 4월이 지난 때에는 재판장등은 즉시 변론준비기일을 지정하거나 변론준비절차를 끝내야 한다.

③당사자는 재판장등의 허가를 얻어 변론준비기일에 제3자와 함께 출석할 수 있다.

④당사자는 변론준비기일이 끝날 때까지 변론의 준비에 필요한 주장과 증거를 정리하여 제출하여야 한다.

⑤재판장등은 변론준비기일이 끝날 때까지 변론의 준비를 위한 모든 처분을 할 수 있다.

제283조(변론준비기일의 조서) ①변론준비기일의 조서에는 당사자의 진술에 따라 제274조제1항제4호와 제5호에 규정한 사항을 적어야 한다. 이 경우 특히 증거에 관한 진술은 명확히 하여야 한다.

②변론준비기일의 조서에는 제152조 내지 제159조의 규정을 준용한다.

제284조(변론준비절차의 종결) ①재판장등은 다음 각호 가운데 어느 하나에 해당하면 변론준비절차를 종결하여야 한다. 다만, 변론의 준비를 계속하여야 할 상당한 이유가 있는 때에는 그러하지 아니하다.

1. 사건을 변론준비절차에 부친 뒤 6월이 지난 때

2. 당사자가 제280조제1항의 규정에 따라 정한 기간 이내에 준비서면 등을 제출하지 아니하거나 증거의 신청을 하지 아니한 때

3. 당사자가 변론준비기일에 출석하지 아니한 때

②변론준비절차를 종결하는 경우에 재판장등은 변론기일을 미리 지정할 수 있다.

제285조(변론준비기일을 종결한 효과) ①변론준비기일에 제출하지 아니한 공격방어방법은 다음 각호 가운데 어느 하나에 해당하여야만 변론에서 제출할 수 있다.

1. 그 제출로 인하여 소송을 현저히 지연시키지 아니하는 때

2. 중대한 과실 없이 변론준비절차에서 제출하지 못하였다는 것을 소명한 때

3. 법원이 직권으로 조사할 사항인 때

②제1항의 규정은 변론에 관하여 제276조의 규정을 적용하는 데에 영향을 미치지 아니한다.

③소장 또는 변론준비절차전에 제출한 준비서면에 적힌 사항은 제1항의 규정에 불구하고 변론에서 주장할 수 있다. 다만, 변론준비절차에서 철회되거나 변경된 때에는 그러하지 아니하다.

제286조(준용규정) 변론준비절차에는 제135조 내지 제138조, 제140조, 제142조 내지 제151조, 제225조 내지 제232조, 제268조 및 제278조의 규정을 준용한다.

제287조(변론준비절차를 마친 뒤의 변론) ①법원은 변론준비절차를 마친 경우에는 첫 변론기일을 거친 뒤 바로 변론을 종결할 수 있도록 하여야 하며, 당사자는 이에 협력하여야 한다.

②당사자는 변론준비기일을 마친 뒤의 변론기일에서 변론준비기일의 결과를 진술하여야 한다.

③법원은 변론기일에 변론준비절차에서 정리된 결과에 따라서 바

로 증거조사를 하여야 한다.

제287조의2(비디오 등 중계장치 등에 의한 기일) ① 재판장·수명법관 또는 수탁판사는 상당하다고 인정하는 때에는 당사자의 신청을 받거나 동의를 얻어 비디오 등 중계장치에 의한 중계시설을 통하거나 인터넷 화상장치를 이용하여 변론준비기일 또는 심문기일을 열 수 있다.

② 법원은 교통의 불편 또는 그 밖의 사정으로 당사자가 법정에 직접 출석하기 어렵다고 인정하는 때에는 당사자의 신청을 받거나 동의를 얻어 비디오 등 중계장치에 의한 중계시설을 통하거나 인터넷 화상장치를 이용하여 변론기일을 열 수 있다. 이 경우 법원은 심리의 공개에 필요한 조치를 취하여야 한다.

③ 제1항과 제2항에 따른 기일에 관하여는 제327조의2제2항 및 제3항을 준용한다.

[본조신설 2021. 8. 17.]

제3장 증거

제1절 총칙

제288조(불요증사실) 법원에서 당사자가 자백한 사실과 현저한 사실은 증명을 필요로 하지 아니한다. 다만, 진실에 어긋나는 자백은 그것이 착오로 말미암은 것임을 증명한 때에는 취소할 수 있다.

제289조(증거의 신청과 조사) ①증거를 신청할 때에는 증명할 사실을 표시하여야 한다.

②증거의 신청과 조사는 변론기일전에도 할 수 있다.

제290조(증거신청의 채택여부) 법원은 당사자가 신청한 증거를 필요하지 아니하다고 인정한 때에는 조사하지 아니할 수 있다. 다만, 그것이 당사자가 주장하는 사실에 대한 유일한 증거인 때에는 그러하지 아니하다.

제291조(증거조사의 장애) 법원은 증거조사를 할 수 있을지, 언제 할 수 있을지 알 수 없는 경우에는 그 증거를 조사하지 아니할 수 있다.

제292조(직권에 의한 증거조사) 법원은 당사자가 신청한 증거에 의하여 심증을 얻을 수 없거나, 그 밖에 필요하다고 인정한 때에는 직권으로 증거조사를 할 수 있다.

제293조(증거조사의 집중) 증인신문과 당사자신문은 당사자의 주장과 증거를 정리한 뒤 집중적으로 하여야 한다.

제294조(조사의 촉탁) 법원은 공공기관·학교, 그 밖의 단체·개인 또는 외국의 공공기관에게 그 업무에 속하는 사항에 관하여 필요한 조사 또는 보관중인 문서의 등본·사본의 송부를 촉탁할 수 있다.

제295조(당사자가 출석하지 아니한 경우의 증거조사) 증거조사는 당사자가 기일에 출석하지 아니한 때에도 할 수 있다.

제296조(외국에서 시행하는 증거조사) ①외국에서 시행할 증거조사는 그 나라에 주재하는 대한민국 대사·공사·영사 또는 그 나라의 관할 공공기관에 촉탁한다.

②외국에서 시행한 증거조사는 그 나라의 법률에 어긋나더라도 이 법에 어긋나지 아니하면 효력을 가진다.

제297조(법원밖에서의 증거조사) ①법원은 필요하다고 인정할 때에

는 법원밖에서 증거조사를 할 수 있다. 이 경우 합의부원에게 명하거나 다른 지방법원 판사에게 촉탁할 수 있다.

②수탁판사는 필요하다고 인정할 때에는 다른 지방법원 판사에게 증거조사를 다시 촉탁할 수 있다. 이 경우 그 사유를 수소법원과 당사자에게 통지하여야 한다.

제298조(수탁판사의 기록송부) 수탁판사는 증거조사에 관한 기록을 바로 수소법원에 보내야 한다.

제299조(소명의 방법) ①소명은 즉시 조사할 수 있는 증거에 의하여야 한다.

②법원은 당사자 또는 법정대리인으로 하여금 보증금을 공탁하게 하거나, 그 주장이 진실하다는 것을 선서하게 하여 소명에 갈음할 수 있다.

③제2항의 선서에는 제320조, 제321조제1항·제3항·제4항 및 제322조의 규정을 준용한다.

제300조(보증금의 몰취) 제299조제2항의 규정에 따라 보증금을 공탁한 당사자 또는 법정대리인이 거짓 진술을 한 때에 법원은 결정으로 보증금을 몰취(沒取)한다.

제301조(거짓 진술에 대한 제재) 제299조제2항의 규정에 따라 선서한 당사자 또는 법정대리인이 거짓 진술을 한 때에 법원은 결정으로 200만원 이하의 과태료에 처한다.

제302조(불복신청) 제300조 및 제301조의 결정에 대하여는 즉시항고를 할 수 있다.

제2절 증인신문

제303조(증인의 의무) 법원은 특별한 규정이 없으면 누구든지 증인으로 신문할 수 있다.

제304조(대통령·국회의장·대법원장·헌법재판소장의 신문) 대통령·국회의장·대법원장 및 헌법재판소장 또는 그 직책에 있었던 사람을 증인으로 하여 직무상 비밀에 관한 사항을 신문할 경우에 법원은 그의 동의를 받아야 한다.

제305조(국회의원·국무총리·국무위원의 신문) ①국회의원 또는 그 직책에 있었던 사람을 증인으로 하여 직무상 비밀에 관한 사항을 신문할 경우에 법원은 국회의 동의를 받아야 한다.

②국무총리·국무위원 또는 그 직책에 있었던 사람을 증인으로 하여 직무상 비밀에 관한 사항을 신문할 경우에 법원은 국무회의의 동의를 받아야 한다.

제306조(공무원의 신문) 제304조와 제305조에 규정한 사람 외의 공무원 또는 공무원이었던 사람을 증인으로 하여 직무상 비밀에 관한 사항을 신문할 경우에 법원은 그 소속 관청 또는 감독 관청의 동의를 받아야 한다.

제307조(거부권의 제한) 제305조와 제306조의 경우에 국회·국무회의 또는 제306조의 관청은 국가의 중대한 이익을 해치는 경우를 제외하고는 동의를 거부하지 못한다.

제308조(증인신문의 신청) 당사자가 증인신문을 신청하고자 하는 때에는 증인을 지정하여 신청하여야 한다.

제309조(출석요구서의 기재사항) 증인에 대한 출석요구서에는 다음

각호의 사항을 적어야 한다.

1. 당사자의 표시

2. 신문 사항의 요지

3. 출석하지 아니하는 경우의 법률상 제재

제310조(증언에 갈음하는 서면의 제출) ①법원은 증인과 증명할 사항의 내용 등을 고려하여 상당하다고 인정하는 때에는 출석·증언에 갈음하여 증언할 사항을 적은 서면을 제출하게 할 수 있다.

②법원은 상대방의 이의가 있거나 필요하다고 인정하는 때에는 제1항의 증인으로 하여금 출석·증언하게 할 수 있다.

제311조(증인이 출석하지 아니한 경우의 과태료 등) ①증인이 정당한 사유 없이 출석하지 아니한 때에 법원은 결정으로 증인에게 이로 말미암은 소송비용을 부담하도록 명하고 500만원 이하의 과태료에 처한다.

②법원은 증인이 제1항의 규정에 따른 과태료의 재판을 받고도 정당한 사유 없이 다시 출석하지 아니한 때에는 결정으로 증인을 7일 이내의 감치(監置)에 처한다.

③법원은 감치재판기일에 증인을 소환하여 제2항의 정당한 사유가 있는지 여부를 심리하여야 한다.

④감치에 처하는 재판은 그 재판을 한 법원의 재판장의 명령에 따라 법원공무원 또는 경찰공무원이 경찰서유치장·교도소 또는 구치소에 유치함으로써 집행한다. 〈개정 2006. 2. 21., 2020. 12. 22.〉

⑤감치의 재판을 받은 증인이 제4항에 규정된 감치시설에 유치된

때에는 당해 감치시설의 장은 즉시 그 사실을 법원에 통보하여야 한다.

⑥법원은 제5항의 통보를 받은 때에는 바로 증인신문기일을 열어야 한다.

⑦감치의 재판을 받은 증인이 감치의 집행중에 증언을 한 때에는 법원은 바로 감치결정을 취소하고 그 증인을 석방하도록 명하여야 한다.

⑧제1항과 제2항의 결정에 대하여는 즉시항고를 할 수 있다. 다만, 제447조의 규정은 적용하지 아니한다.

⑨제2항 내지 제8항의 규정에 따른 재판절차 및 그 집행 그 밖에 필요한 사항은 대법원규칙으로 정한다.

제312조(출석하지 아니한 증인의 구인) ①법원은 정당한 사유 없이 출석하지 아니한 증인을 구인(拘引)하도록 명할 수 있다.

②제1항의 구인에는 형사소송법의 구인에 관한 규정을 준용한다.

제313조(수명법관·수탁판사에 의한 증인신문) 법원은 다음 각호 가운데 어느 하나에 해당하면 수명법관 또는 수탁판사로 하여금 증인을 신문하게 할 수 있다.

1. 증인이 정당한 사유로 수소법원에 출석하지 못하는 때

2. 증인이 수소법원에 출석하려면 지나치게 많은 비용 또는 시간을 필요로 하는 때

3. 그 밖의 상당한 이유가 있는 경우로서 당사자가 이의를 제기하지 아니하는 때

제314조(증언거부권) 증인은 그 증언이 자기나 다음 각호 가운데 어느 하나에 해당하는 사람이 공소제기되거나 유죄판결을 받을 염려가

있는 사항 또는 자기나 그들에게 치욕이 될 사항에 관한 것인 때에는 이를 거부할 수 있다. 〈개정 2005. 3. 31.〉

1. 증인의 친족 또는 이러한 관계에 있었던 사람

2. 증인의 후견인 또는 증인의 후견을 받는 사람

제315조(증언거부권) ①증인은 다음 각호 가운데 어느 하나에 해당하면 증언을 거부할 수 있다.

1. 변호사ㆍ변리사ㆍ공증인ㆍ공인회계사ㆍ세무사ㆍ의료인ㆍ약사, 그 밖에 법령에 따라 비밀을 지킬 의무가 있는 직책 또는 종교의 직책에 있거나 이러한 직책에 있었던 사람이 직무상 비밀에 속하는 사항에 대하여 신문을 받을 때

2. 기술 또는 직업의 비밀에 속하는 사항에 대하여 신문을 받을 때

②증인이 비밀을 지킬 의무가 면제된 경우에는 제1항의 규정을 적용하지 아니한다.

제316조(거부이유의 소명) 증언을 거부하는 이유는 소명하여야 한다.

제317조(증언거부에 대한 재판) ①수소법원은 당사자를 심문하여 증언거부가 옳은 지를 재판한다.

②당사자 또는 증인은 제1항의 재판에 대하여 즉시항고를 할 수 있다.

제318조(증언거부에 대한 제재) 증언의 거부에 정당한 이유가 없다고 한 재판이 확정된 뒤에 증인이 증언을 거부한 때에는 제311조제1항, 제8항 및 제9항의 규정을 준용한다.

제319조(선서의 의무) 재판장은 증인에게 신문에 앞서 선서를 하게 하여야 한다. 다만, 특별한 사유가 있는 때에는 신문한 뒤에 선서를

하게 할 수 있다.

제320조(위증에 대한 벌의 경고) 재판장은 선서에 앞서 증인에게 선서의 취지를 밝히고, 위증의 벌에 대하여 경고하여야 한다.

제321조(선서의 방식) ①선서는 선서서에 따라서 하여야 한다.

②선서서에는 "양심에 따라 숨기거나 보태지 아니하고 사실 그대로 말하며, 만일 거짓말을 하면 위증의 벌을 받기로 맹세합니다."라고 적어야 한다.

③재판장은 증인으로 하여금 선서서를 소리내어 읽고 기명날인 또는 서명하게 하며, 증인이 선서서를 읽지 못하거나 기명날인 또는 서명하지 못하는 경우에는 참여한 법원사무관등이나 그 밖의 법원공무원으로 하여금 이를 대신하게 한다.

④증인은 일어서서 엄숙하게 선서하여야 한다.

제322조(선서무능력) 다음 각호 가운데 어느 하나에 해당하는 사람을 증인으로 신문할 때에는 선서를 시키지 못한다.

1. 16세 미만인 사람
2. 선서의 취지를 이해하지 못하는 사람

제323조(선서의 면제) 제314조에 해당하는 증인으로서 증언을 거부하지 아니한 사람을 신문할 때에는 선서를 시키지 아니할 수 있다.

제324조(선서거부권) 증인이 자기 또는 제314조 각호에 규정된 어느 한 사람과 현저한 이해관계가 있는 사항에 관하여 신문을 받을 때에는 선서를 거부할 수 있다.

제325조(조서에의 기재) 선서를 시키지 아니하고 증인을 신문한 때에는 그 사유를 조서에 적어야 한다.

제326조(선서거부에 대한 제재) 증인이 선서를 거부하는 경우에는 제316조 내지 제318조의 규정을 준용한다.

제327조(증인신문의 방식) ①증인신문은 증인을 신청한 당사자가 먼저 하고, 다음에 다른 당사자가 한다.

②재판장은 제1항의 신문이 끝난 뒤에 신문할 수 있다.

③재판장은 제1항과 제2항의 규정에 불구하고 언제든지 신문할 수 있다.

④재판장이 알맞다고 인정하는 때에는 당사자의 의견을 들어 제1항과 제2항의 규정에 따른 신문의 순서를 바꿀 수 있다.

⑤당사자의 신문이 중복되거나 쟁점과 관계가 없는 때, 그 밖에 필요한 사정이 있는 때에 재판장은 당사자의 신문을 제한할 수 있다.

⑥합의부원은 재판장에게 알리고 신문할 수 있다.

제327조의2(비디오 등 중계장치에 의한 증인신문) ① 법원은 다음 각 호의 어느 하나에 해당하는 사람을 증인으로 신문하는 경우 상당하다고 인정하는 때에는 당사자의 의견을 들어 비디오 등 중계장치에 의한 중계시설을 통하거나 인터넷 화상장치를 이용하여 신문할 수 있다. 〈개정 2021. 8. 17.〉

1. 증인이 멀리 떨어진 곳 또는 교통이 불편한 곳에 살고 있거나 그 밖의 사정으로 말미암아 법정에 직접 출석하기 어려운 경우

2. 증인이 나이, 심신상태, 당사자나 법정대리인과의 관계, 신문사항의 내용, 그 밖의 사정으로 말미암아 법정에서 당사자 등과 대면하여 진술하면 심리적인 부담으로 정신의 평온을 현저하게 잃을 우

려가 있는 경우

② 제1항에 따른 증인신문은 증인이 법정에 출석하여 이루어진 증인신문으로 본다.

③ 제1항에 따른 증인신문의 절차와 방법, 그 밖에 필요한 사항은 대법원규칙으로 정한다.

[본조신설 2016. 3. 29.]

제328조(격리신문과 그 예외) ①증인은 따로따로 신문하여야 한다.

②신문하지 아니한 증인이 법정(法廷)안에 있을 때에는 법정에서 나가도록 명하여야 한다. 다만, 필요하다고 인정한 때에는 신문할 증인을 법정안에 머무르게 할 수 있다.

제329조(대질신문) 재판장은 필요하다고 인정한 때에는 증인 서로의 대질을 명할 수 있다.

제330조(증인의 행위의무) 재판장은 필요하다고 인정한 때에는 증인에게 문자를 손수 쓰게 하거나 그 밖의 필요한 행위를 하게 할 수 있다.

제331조(증인의 진술원칙) 증인은 서류에 의하여 진술하지 못한다. 다만, 재판장이 허가하면 그러하지 아니하다.

제332조(수명법관·수탁판사의 권한) 수명법관 또는 수탁판사가 증인을 신문하는 경우에는 법원과 재판장의 직무를 행한다.

제3절 감정

제333조(증인신문규정의 준용) 감정에는 제2절의 규정을 준용한다. 다만, 제311조제2항 내지 제7항, 제312조, 제321조제2항, 제327조 및 제327조의2는 그러하지 아니하다. 〈개정 2016. 3. 29.〉

제334조(감정의무) ①감정에 필요한 학식과 경험이 있는 사람은 감정할 의무를 진다.

②제314조 또는 제324조의 규정에 따라 증언 또는 선서를 거부할 수 있는 사람과 제322조에 규정된 사람은 감정인이 되지 못한다.

제335조(감정인의 지정) 감정인은 수소법원·수명법관 또는 수탁판사가 지정한다.

제335조의2(감정인의 의무) ① 감정인은 감정사항이 자신의 전문분야에 속하지 아니하는 경우 또는 그에 속하더라도 다른 감정인과 함께 감정을 하여야 하는 경우에는 곧바로 법원에 감정인의 지정 취소 또는 추가 지정을 요구하여야 한다.

② 감정인은 감정을 다른 사람에게 위임하여서는 아니 된다.

[본조신설 2016. 3. 29.]

제336조(감정인의 기피) 감정인이 성실하게 감정할 수 없는 사정이 있는 때에 당사자는 그를 기피할 수 있다. 다만, 당사자는 감정인이 감정사항에 관한 진술을 하기 전부터 기피할 이유가 있다는 것을 알고 있었던 때에는 감정사항에 관한 진술이 이루어진 뒤에 그를 기피하지 못한다.

제337조(기피의 절차) ①기피신청은 수소법원·수명법관 또는 수탁판사에게 하여야 한다.

②기피하는 사유는 소명하여야 한다.

③기피하는 데 정당한 이유가 있다고 한 결정에 대하여는 불복할 수 없고, 이유가 없다고 한 결정에 대하여는 즉시항고를 할 수 있다.

제338조(선서의 방식) 선서서에는 "양심에 따라 성실히 감정하고,

만일 거짓이 있으면 거짓감정의 벌을 받기로 맹세합니다."라고 적어야 한다.

제339조(감정진술의 방식) ①재판장은 감정인으로 하여금 서면이나 말로써 의견을 진술하게 할 수 있다.

②재판장은 여러 감정인에게 감정을 명하는 경우에는 다 함께 또는 따로따로 의견을 진술하게 할 수 있다.

③ 법원은 제1항 및 제2항에 따른 감정진술에 관하여 당사자에게 서면이나 말로써 의견을 진술할 기회를 주어야 한다. 〈신설 2016. 3. 29.〉

제339조의2(감정인신문의 방식) ① 감정인은 재판장이 신문한다.

② 합의부원은 재판장에게 알리고 신문할 수 있다.

③ 당사자는 재판장에게 알리고 신문할 수 있다. 다만, 당사자의 신문이 중복되거나 쟁점과 관계가 없는 때, 그 밖에 필요한 사정이 있는 때에는 재판장은 당사자의 신문을 제한할 수 있다.

[본조신설 2016. 3. 29.]

제339조의3(비디오 등 중계장치 등에 의한 감정인신문) ① 법원은 다음 각 호의 어느 하나에 해당하는 사람을 감정인으로 신문하는 경우 상당하다고 인정하는 때에는 당사자의 의견을 들어 비디오 등 중계장치에 의한 중계시설을 통하여 신문하거나 인터넷 화상장치를 이용하여 신문할 수 있다.

1. 감정인이 법정에 직접 출석하기 어려운 특별한 사정이 있는 경우

2. 감정인이 외국에 거주하는 경우

② 제1항에 따른 감정인신문에 관하여는 제327조의2제2항 및 제3항을 준용한다.

[본조신설 2016. 3. 29.]

제340조(감정증인) 특별한 학식과 경험에 의하여 알게 된 사실에 관한 신문은 증인신문에 관한 규정을 따른다. 다만, 비디오 등 중계장치 등에 의한 감정증인신문에 관하여는 제339조의3을 준용한다. 〈개정 2016. 3. 29.〉

제341조(감정의 촉탁) ①법원이 필요하다고 인정하는 경우에는 공공기관·학교, 그 밖에 상당한 설비가 있는 단체 또는 외국의 공공기관에 감정을 촉탁할 수 있다. 이 경우에는 선서에 관한 규정을 적용하지 아니한다.

②제1항의 경우에 법원은 필요하다고 인정하면 공공기관·학교, 그 밖의 단체 또는 외국 공공기관이 지정한 사람으로 하여금 감정서를 설명하게 할 수 있다.

③ 제2항의 경우에는 제339조의3을 준용한다. 〈신설 2016. 3. 29.〉

제342조(감정에 필요한 처분) ①감정인은 감정을 위하여 필요한 경우에는 법원의 허가를 받아 남의 토지, 주거, 관리중인 가옥, 건조물, 항공기, 선박, 차량, 그 밖의 시설물안에 들어갈 수 있다.

②제1항의 경우 저항을 받을 때에는 감정인은 경찰공무원에게 원조를 요청할 수 있다. 〈개정 2006. 2. 21., 2020. 12. 22.〉

제4절 서증

제343조(서증신청의 방식) 당사자가 서증(書證)을 신청하고자 하는 때에는 문서를 제출하는 방식 또는 문서를 가진 사람에게 그것을 제출하도록 명할 것을 신청하는 방식으로 한다.

제344조(문서의 제출의무) ①다음 각호의 경우에 문서를 가지고 있는 사람은 그 제출을 거부하지 못한다.

1. 당사자가 소송에서 인용한 문서를 가지고 있는 때

2. 신청자가 문서를 가지고 있는 사람에게 그것을 넘겨 달라고 하거나 보겠다고 요구할 수 있는 사법상의 권리를 가지고 있는 때

3. 문서가 신청자의 이익을 위하여 작성되었거나, 신청자와 문서를 가지고 있는 사람 사이의 법률관계에 관하여 작성된 것인 때. 다만, 다음 각목의 사유 가운데 어느 하나에 해당하는 경우에는 그러하지 아니하다.

가. 제304조 내지 제306조에 규정된 사항이 적혀있는 문서로서 같은 조문들에 규정된 동의를 받지 아니한 문서

나. 문서를 가진 사람 또는 그와 제314조 각호 가운데 어느 하나의 관계에 있는 사람에 관하여 같은 조에서 규정된 사항이 적혀있는 문서

다. 제315조제1항 각호에 규정된 사항중 어느 하나에 규정된 사항이 적혀 있고 비밀을 지킬 의무가 면제되지 아니한 문서

②제1항의 경우 외에도 문서(공무원 또는 공무원이었던 사람이 그 직무와 관련하여 보관하거나 가지고 있는 문서를 제외한다)가 다음 각호의 어느 하나에도 해당하지 아니하는 경우에는 문서를 가지고 있는 사람은 그 제출을 거부하지 못한다.

1. 제1항제3호나목 및 다목에 규정된 문서

2. 오로지 문서를 가진 사람이 이용하기 위한 문서

제345조(문서제출신청의 방식) 문서제출신청에는 다음 각호의 사항을 밝혀야 한다.

1. 문서의 표시

2. 문서의 취지

3. 문서를 가진 사람

4. 증명할 사실

5. 문서를 제출하여야 하는 의무의 원인

제346조(문서목록의 제출) 제345조의 신청을 위하여 필요하다고 인정하는 경우에는, 법원은 신청대상이 되는 문서의 취지나 그 문서로 증명할 사실을 개괄적으로 표시한 당사자의 신청에 따라, 상대방 당사자에게 신청내용과 관련하여 가지고 있는 문서 또는 신청내용과 관련하여 서증으로 제출할 문서에 관하여 그 표시와 취지 등을 적어 내도록 명할 수 있다.

제347조(제출신청의 허가여부에 대한 재판) ①법원은 문서제출신청에 정당한 이유가 있다고 인정한 때에는 결정으로 문서를 가진 사람에게 그 제출을 명할 수 있다.

②문서제출의 신청이 문서의 일부에 대하여만 이유 있다고 인정한 때에는 그 부분만의 제출을 명하여야 한다.

③제3자에 대하여 문서의 제출을 명하는 경우에는 제3자 또는 그가 지정하는 자를 심문하여야 한다.

④법원은 문서가 제344조에 해당하는지를 판단하기 위하여 필요

하다고 인정하는 때에는 문서를 가지고 있는 사람에게 그 문서를 제시하도록 명할 수 있다. 이 경우 법원은 그 문서를 다른 사람이 보도록 하여서는 안된다.

제348조(불복신청) 문서제출의 신청에 관한 결정에 대하여는 즉시항고를 할 수 있다.

제349조(당사자가 문서를 제출하지 아니한 때의 효과) 당사자가 제347조제1항·제2항 및 제4항의 규정에 의한 명령에 따르지 아니한 때에는 법원은 문서의 기재에 대한 상대방의 주장을 진실한 것으로 인정할 수 있다.

제350조(당사자가 사용을 방해한 때의 효과) 당사자가 상대방의 사용을 방해할 목적으로 제출의무가 있는 문서를 훼손하여 버리거나 이를 사용할 수 없게 한 때에는, 법원은 그 문서의 기재에 대한 상대방의 주장을 진실한 것으로 인정할 수 있다.

제351조(제3자가 문서를 제출하지 아니한 때의 제재) 제3자가 제347조제1항·제2항 및 제4항의 규정에 의한 명령에 따르지 아니한 때에는 제318조의 규정을 준용한다.

제352조(문서송부의 촉탁) 서증의 신청은 제343조의 규정에 불구하고 문서를 가지고 있는 사람에게 그 문서를 보내도록 촉탁할 것을 신청함으로써도 할 수 있다. 다만, 당사자가 법령에 의하여 문서의 정본 또는 등본을 청구할 수 있는 경우에는 그러하지 아니하다.

제352조의2(협력의무) ①제352조에 따라 법원으로부터 문서의 송부를 촉탁받은 사람 또는 제297조에 따른 증거조사의 대상인 문서를 가지고 있는 사람은 정당한 사유가 없는 한 이에 협력하여야 한다.

②문서의 송부를 촉탁받은 사람이 그 문서를 보관하고 있지 아니하거나 그 밖에 송부촉탁에 따를 수 없는 사정이 있는 때에는 법원에 그 사유를 통지하여야 한다.

[본조신설 2007. 5. 17.]

제353조(제출문서의 보관) 법원은 필요하다고 인정하는 때에는 제출되거나 보내 온 문서를 맡아 둘 수 있다.

제354조(수명법관·수탁판사에 의한 조사) ①법원은 제297조의 규정에 따라 수명법관 또는 수탁판사에게 문서에 대한 증거조사를 하게 하는 경우에 그 조서에 적을 사항을 정할 수 있다.

②제1항의 조서에는 문서의 등본 또는 초본을 붙여야 한다.

제355조(문서제출의 방법 등) ①법원에 문서를 제출하거나 보낼 때에는 원본, 정본 또는 인증이 있는 등본으로 하여야 한다.

②법원은 필요하다고 인정하는 때에는 원본을 제출하도록 명하거나 이를 보내도록 촉탁할 수 있다.

③법원은 당사자로 하여금 그 인용한 문서의 등본 또는 초본을 제출하게 할 수 있다.

④문서가 증거로 채택되지 아니한 때에는 법원은 당사자의 의견을 들어 제출된 문서의 원본·정본·등본·초본 등을 돌려주거나 폐기할 수 있다.

제356조(공문서의 진정의 추정) ①문서의 작성방식과 취지에 의하여 공무원이 직무상 작성한 것으로 인정한 때에는 이를 진정한 공문서로 추정한다.

②공문서가 진정한지 의심스러운 때에는 법원은 직권으로 해당 공

공기관에 조회할 수 있다.

③외국의 공공기관이 작성한 것으로 인정한 문서에는 제1항 및 제2항의 규정을 준용한다.

제357조(사문서의 진정의 증명) 사문서는 그것이 진정한 것임을 증명하여야 한다.

제358조(사문서의 진정의 추정) 사문서는 본인 또는 대리인의 서명이나 날인 또는 무인(拇印)이 있는 때에는 진정한 것으로 추정한다.

제359조(필적 또는 인영의 대조) 문서가 진정하게 성립된 것인지 어떤지는 필적 또는 인영(印影)을 대조하여 증명할 수 있다.

제360조(대조용문서의 제출절차) ①대조에 필요한 필적이나 인영이 있는 문서, 그 밖의 물건을 법원에 제출하거나 보내는 경우에는 제343조, 제347조 내지 제350조, 제352조 내지 제354조의 규정을 준용한다.

②제3자가 정당한 사유 없이 제1항의 규정에 의한 제출명령에 따르지 아니한 때에 법원은 결정으로 200만원 이하의 과태료에 처한다.

③제2항의 결정에 대하여는 즉시항고를 할 수 있다.

제361조(상대방이 손수 써야 하는 의무) ①대조하는 데에 적당한 필적이 없는 때에는 법원은 상대방에게 그 문자를 손수 쓰도록 명할 수 있다.

②상대방이 정당한 이유 없이 제1항의 명령에 따르지 아니한 때에는 법원은 문서의 진정여부에 관한 확인신청자의 주장을 진실한 것으로 인정할 수 있다. 필치(筆致)를 바꾸어 손수 쓴 때에도 또한 같다.

제362조(대조용문서의 첨부) 대조하는 데에 제공된 서류는 그 원본

·등본 또는 초본을 조서에 붙여야 한다.

제363조(문서성립의 부인에 대한 제재) ①당사자 또는 그 대리인이 고의나 중대한 과실로 진실에 어긋나게 문서의 진정을 다툰 때에는 법원은 결정으로 200만원 이하의 과태료에 처한다.

②제1항의 결정에 대하여는 즉시항고를 할 수 있다.

③제1항의 경우에 문서의 진정에 대하여 다툰 당사자 또는 대리인이 소송이 법원에 계속된 중에 그 진정을 인정하는 때에는 법원은 제1항의 결정을 취소할 수 있다.

제5절 검증

제364조(검증의 신청) 당사자가 검증을 신청하고자 하는 때에는 검증의 목적을 표시하여 신청하여야 한다.

제365조(검증할 때의 감정 등) 수명법관 또는 수탁판사는 검증에 필요하다고 인정할 때에는 감정을 명하거나 증인을 신문할 수 있다.

제366조(검증의 절차 등) ①검증할 목적물을 제출하거나 보내는 데에는 제343조, 제347조 내지 제350조, 제352조 내지 제354조의 규정을 준용한다.

②제3자가 정당한 사유 없이 제1항의 규정에 의한 제출명령에 따르지 아니한 때에는 법원은 결정으로 200만원 이하의 과태료에 처한다. 이 결정에 대하여는 즉시항고를 할 수 있다.

③법원은 검증을 위하여 필요한 경우에는 제342조제1항에 규정된 처분을 할 수 있다. 이 경우 저항을 받은 때에는 경찰공무원에게 원조를 요청할 수 있다. 〈개정 2006. 2. 21., 2020. 12. 22.〉

제6절 당사자신문

제367조(당사자신문) 법원은 직권으로 또는 당사자의 신청에 따라 당사자 본인을 신문할 수 있다. 이 경우 당사자에게 선서를 하게 하여야 한다.

제368조(대질) 재판장은 필요하다고 인정한 때에 당사자 서로의 대질 또는 당사자와 증인의 대질을 명할 수 있다.

제369조(출석·선서·진술의 의무) 당사자가 정당한 사유 없이 출석하지 아니하거나 선서 또는 진술을 거부한 때에는 법원은 신문사항에 관한 상대방의 주장을 진실한 것으로 인정할 수 있다.

제370조(거짓 진술에 대한 제재) ①선서한 당사자가 거짓 진술을 한 때에는 법원은 결정으로 500만원 이하의 과태료에 처한다.

②제1항의 결정에 대하여는 즉시항고를 할 수 있다.

③제1항의 결정에는 제363조제3항의 규정을 준용한다.

제371조(신문조서) 당사자를 신문한 때에는 선서의 유무와 진술 내용을 조서에 적어야 한다.

제372조(법정대리인의 신문) 소송에서 당사자를 대표하는 법정대리인에 대하여는 제367조 내지 제371조의 규정을 준용한다. 다만, 당사자 본인도 신문할 수 있다.

제373조(증인신문 규정의 준용) 이 절의 신문에는 제309조, 제313조, 제319조 내지 제322조, 제327조, 제327조의2와 제330조 내지 제332조의 규정을 준용한다. 〈개정 2021. 8. 17.〉

제7절 그 밖의 증거

제374조(그 밖의 증거) 도면·사진·녹음테이프·비디오테이프·컴퓨터용 자기디스크, 그 밖에 정보를 담기 위하여 만들어진 물건으로서 문서가 아닌 증거의 조사에 관한 사항은 제3절 내지 제5절의 규정에 준하여 대법원규칙으로 정한다.

제8절 증거보전

제375조(증거보전의 요건) 법원은 미리 증거조사를 하지 아니하면 그 증거를 사용하기 곤란할 사정이 있다고 인정한 때에는 당사자의 신청에 따라 이 장의 규정에 따라 증거조사를 할 수 있다.

제376조(증거보전의 관할) ①증거보전의 신청은 소를 제기한 뒤에는 그 증거를 사용할 심급의 법원에 하여야 한다. 소를 제기하기 전에는 신문을 받을 사람이나 문서를 가진 사람의 거소 또는 검증하고자 하는 목적물이 있는 곳을 관할하는 지방법원에 하여야 한다.

②급박한 경우에는 소를 제기한 뒤에도 제1항 후단에 규정된 지방법원에 증거보전의 신청을 할 수 있다.

제377조(신청의 방식) ①증거보전의 신청에는 다음 각호의 사항을 밝혀야 한다.

1. 상대방의 표시
2. 증명할 사실
3. 보전하고자 하는 증거
4. 증거보전의 사유

②증거보전의 사유는 소명하여야 한다.

제378조(상대방을 지정할 수 없는 경우) 증거보전의 신청은 상대방

을 지정할 수 없는 경우에도 할 수 있다. 이 경우 법원은 상대방이 될 사람을 위하여 특별대리인을 선임할 수 있다.

제379조(직권에 의한 증거보전) 법원은 필요하다고 인정한 때에는 소송이 계속된 중에 직권으로 증거보전을 결정할 수 있다.

제380조(불복금지) 증거보전의 결정에 대하여는 불복할 수 없다.

제381조(당사자의 참여) 증거조사의 기일은 신청인과 상대방에게 통지하여야 한다. 다만, 긴급한 경우에는 그러하지 아니하다.

제382조(증거보전의 기록) 증거보전에 관한 기록은 본안소송의 기록이 있는 법원에 보내야 한다.

제383조(증거보전의 비용) 증거보전에 관한 비용은 소송비용의 일부로 한다.

제384조(변론에서의 재신문) 증거보전절차에서 신문한 증인을 당사자가 변론에서 다시 신문하고자 신청한 때에는 법원은 그 증인을 신문하여야 한다.

제4장 제소전화해(提訴前和解)의 절차

제385조(화해신청의 방식) ①민사상 다툼에 관하여 당사자는 청구의 취지·원인과 다투는 사정을 밝혀 상대방의 보통재판적이 있는 곳의 지방법원에 화해를 신청할 수 있다.

②당사자는 제1항의 화해를 위하여 대리인을 선임하는 권리를 상대방에게 위임할 수 없다.

③법원은 필요한 경우 대리권의 유무를 조사하기 위하여 당사자본인 또는 법정대리인의 출석을 명할 수 있다.

④화해신청에는 그 성질에 어긋나지 아니하면 소에 관한 규정을 준용한다.

제386조(화해가 성립된 경우) 화해가 성립된 때에는 법원사무관등은 조서에 당사자, 법정대리인, 청구의 취지와 원인, 화해조항, 날짜와 법원을 표시하고 판사와 법원사무관등이 기명날인 또는 서명한다. 〈개정 2017. 10. 31.〉

제387조(화해가 성립되지 아니한 경우) ①화해가 성립되지 아니한 때에는 법원사무관등은 그 사유를 조서에 적어야 한다.

②신청인 또는 상대방이 기일에 출석하지 아니한 때에는 법원은 이들의 화해가 성립되지 아니한 것으로 볼 수 있다.

③법원사무관등은 제1항의 조서등본을 당사자에게 송달하여야 한다.

제388조(소제기신청) ①제387조의 경우에 당사자는 소제기신청을 할 수 있다.

②적법한 소제기신청이 있으면 화해신청을 한 때에 소가 제기된 것으로 본다. 이 경우 법원사무관등은 바로 소송기록을 관할법원에 보내야 한다.

③제1항의 신청은 제387조제3항의 조서등본이 송달된 날부터 2주 이내에 하여야 한다. 다만, 조서등본이 송달되기 전에도 신청할 수 있다.

④제3항의 기간은 불변기간으로 한다.

제389조(화해비용) 화해비용은 화해가 성립된 경우에는 특별한 합의가 없으면 당사자들이 각자 부담하고, 화해가 성립되지 아니한 경우에는 신청인이 부담한다. 다만, 소제기신청이 있는 경우에는 화해비

용을 소송비용의 일부로 한다.

제3편 상소

제1장 항소

제390조(항소의 대상) ①항소(抗訴)는 제1심 법원이 선고한 종국판결에 대하여 할 수 있다. 다만, 종국판결 뒤에 양 쪽 당사자가 상고(上告)할 권리를 유보하고 항소를 하지 아니하기로 합의한 때에는 그러하지 아니하다.

②제1항 단서의 합의에는 제29조제2항의 규정을 준용한다.

제391조(독립한 항소가 금지되는 재판) 소송비용 및 가집행에 관한 재판에 대하여는 독립하여 항소를 하지 못한다.

제392조(항소심의 판단을 받는 재판) 종국판결 이전의 재판은 항소법원의 판단을 받는다. 다만, 불복할 수 없는 재판과 항고(抗告)로 불복할 수 있는 재판은 그러하지 아니하다.

제393조(항소의 취하) ①항소는 항소심의 종국판결이 있기 전에 취하할 수 있다.

②항소의 취하에는 제266조제3항 내지 제5항 및 제267조제1항의 규정을 준용한다.

제394조(항소권의 포기) 항소권은 포기할 수 있다.

제395조(항소권의 포기방식) ①항소권의 포기는 항소를 하기 이전에는 제1심 법원에, 항소를 한 뒤에는 소송기록이 있는 법원에 서면으로 하여야 한다.

②항소권의 포기에 관한 서면은 상대방에게 송달하여야 한다.

③항소를 한 뒤의 항소권의 포기는 항소취하의 효력도 가진다.

제396조(항소기간) ①항소는 판결서가 송달된 날부터 2주 이내에 하여야 한다. 다만, 판결서 송달전에도 할 수 있다.

②제1항의 기간은 불변기간으로 한다.

제397조(항소의 방식, 항소장의 기재사항) ①항소는 항소장을 제1심 법원에 제출함으로써 한다.

②항소장에는 다음 각호의 사항을 적어야 한다.

1. 당사자와 법정대리인

2. 제1심 판결의 표시와 그 판결에 대한 항소의 취지

제398조(준비서면규정의 준용) 항소장에는 준비서면에 관한 규정을 준용한다.

제399조(원심재판장등의 항소장심사권) ①항소장이 제397조제2항의 규정에 어긋난 경우와 항소장에 법률의 규정에 따른 인지를 붙이지 아니한 경우에는 원심재판장은 항소인에게 상당한 기간을 정하여 그 기간 이내에 흠을 보정하도록 명하여야 한다. 원심재판장은 법원사무관등으로 하여금 위 보정명령을 하게 할 수 있다. 〈개정 2014. 12. 30.〉

②항소인이 제1항의 기간 이내에 흠을 보정하지 아니한 때와, 항소기간을 넘긴 것이 분명한 때에는 원심재판장은 명령으로 항소장을 각하하여야 한다.

③제2항의 명령에 대하여는 즉시항고를 할 수 있다.

[제목개정 2014. 12. 30.]

제400조(항소기록의 송부) ①항소장이 각하되지 아니한 때에 원심법

원의 법원사무관등은 항소장이 제출된 날부터 2주 이내에 항소기록에 항소장을 붙여 항소법원으로 보내야 한다.

②제399조제1항의 규정에 의하여 원심재판장등이 흠을 보정하도록 명한 때에는 그 흠이 보정된 날부터 1주 이내에 항소기록을 보내야 한다. 〈개정 2014. 12. 30.〉

③ 제1항 또는 제2항에 따라 항소기록을 송부받은 항소법원의 법원사무관등은 바로 그 사유를 당사자에게 통지하여야 한다. 〈신설 2024. 1. 16.〉

제401조(항소장부본의 송달) 항소장의 부본은 피항소인에게 송달하여야 한다.

제402조(항소심재판장등의 항소장심사권) ①항소장이 제397조제2항의 규정에 어긋나거나 항소장에 법률의 규정에 따른 인지를 붙이지 아니하였음에도 원심재판장등이 제399조제1항의 규정에 의한 명령을 하지 아니한 경우, 또는 항소장의 부본을 송달할 수 없는 경우에는 항소심재판장은 항소인에게 상당한 기간을 정하여 그 기간 이내에 흠을 보정하도록 명하여야 한다. 항소심재판장은 법원사무관등으로 하여금 위 보정명령을 하게 할 수 있다. 〈개정 2014. 12. 30.〉

②항소인이 제1항의 기간 이내에 흠을 보정하지 아니한 때, 또는 제399조제2항의 규정에 따라 원심재판장이 항소장을 각하하지 아니한 때에는 항소심재판장은 명령으로 항소장을 각하하여야 한다.

③제2항의 명령에 대하여는 즉시항고를 할 수 있다.

[제목개정 2014. 12. 30.]

제402조의2(항소이유서의 제출) ① 항소장에 항소이유를 적지 아니

한 항소인은 제400조제3항의 통지를 받은 날부터 40일 이내에 항소이유서를 항소법원에 제출하여야 한다.

② 항소법원은 항소인의 신청에 따른 결정으로 제1항에 따른 제출기간을 1회에 한하여 1개월 연장할 수 있다.

[본조신설 2024. 1. 16.]

제402조의3(항소이유서 미제출에 따른 항소각하 결정) ① 항소인이 제402조의2제1항에 따른 제출기간(같은 조 제2항에 따라 제출기간이 연장된 경우에는 그 연장된 기간을 말한다) 내에 항소이유서를 제출하지 아니한 때에는 항소법원은 결정으로 항소를 각하하여야 한다. 다만, 직권으로 조사하여야 할 사유가 있거나 항소장에 항소이유가 기재되어 있는 때에는 그러하지 아니하다.

② 제1항 본문의 결정에 대하여는 즉시항고를 할 수 있다.

[본조신설 2024. 1. 16.]

제403조(부대항소) 피항소인은 항소권이 소멸된 뒤에도 변론이 종결될 때까지 부대항소(附帶抗訴)를 할 수 있다.

제404조(부대항소의 종속성) 부대항소는 항소가 취하되거나 부적법하여 각하된 때에는 그 효력을 잃는다. 다만, 항소기간 이내에 한 부대항소는 독립된 항소로 본다.

제405조(부대항소의 방식) 부대항소에는 항소에 관한 규정을 적용한다.

제406조(가집행의 선고) ①항소법원은 제1심 판결중에 불복신청이 없는 부분에 대하여는 당사자의 신청에 따라 결정으로 가집행의 선고를 할 수 있다.

②제1항의 신청을 기각한 결정에 대하여는 즉시항고를 할 수 있다.
제407조(변론의 범위) ①변론은 당사자가 제1심 판결의 변경을 청구하는 한도안에서 한다.
②당사자는 제1심 변론의 결과를 진술하여야 한다.
제408조(제1심 소송절차의 준용) 항소심의 소송절차에는 특별한 규정이 없으면 제2편제1장 내지 제3장의 규정을 준용한다.
제409조(제1심 소송행위의 효력) 제1심의 소송행위는 항소심에서도 그 효력을 가진다.
제410조(제1심의 변론준비절차의 효력) 제1심의 변론준비절차는 항소심에서도 그 효력을 가진다.
제411조(관할위반 주장의 금지) 당사자는 항소심에서 제1심 법원의 관할위반을 주장하지 못한다. 다만, 전속관할에 대하여는 그러하지 아니하다.
제412조(반소의 제기) ①반소는 상대방의 심급의 이익을 해할 우려가 없는 경우 또는 상대방의 동의를 받은 경우에 제기할 수 있다.
②상대방이 이의를 제기하지 아니하고 반소의 본안에 관하여 변론을 한 때에는 반소제기에 동의한 것으로 본다.
제413조(변론 없이 하는 항소각하) 부적법한 항소로서 흠을 보정할 수 없으면 변론 없이 판결로 항소를 각하할 수 있다.
제414조(항소기각) ①항소법원은 제1심 판결을 정당하다고 인정한 때에는 항소를 기각하여야 한다.
②제1심 판결의 이유가 정당하지 아니한 경우에도 다른 이유에 따라 그 판결이 정당하다고 인정되는 때에는 항소를 기각하여야 한다.

제415조(항소를 받아들이는 범위) 제1심 판결은 그 불복의 한도안에서 바꿀 수 있다. 다만, 상계에 관한 주장을 인정한 때에는 그러하지 아니하다.

제416조(제1심 판결의 취소) 항소법원은 제1심 판결을 정당하지 아니하다고 인정한 때에는 취소하여야 한다.

제417조(판결절차의 위법으로 말미암은 취소) 제1심 판결의 절차가 법률에 어긋날 때에 항소법원은 제1심 판결을 취소하여야 한다.

제418조(필수적 환송) 소가 부적법하다고 각하한 제1심 판결을 취소하는 경우에는 항소법원은 사건을 제1심 법원에 환송(還送)하여야 한다. 다만, 제1심에서 본안판결을 할 수 있을 정도로 심리가 된 경우, 또는 당사자의 동의가 있는 경우에는 항소법원은 스스로 본안판결을 할 수 있다.

제419조(관할위반으로 말미암은 이송) 관할위반을 이유로 제1심 판결을 취소한 때에는 항소법원은 판결로 사건을 관할법원에 이송하여야 한다.

제420조(판결서를 적는 방법) 판결이유를 적을 때에는 제1심 판결을 인용할 수 있다. 다만, 제1심 판결이 제208조제3항에 따라 작성된 경우에는 그러하지 아니하다.

제421조(소송기록의 반송) 소송이 완결된 뒤 상고가 제기되지 아니하고 상고기간이 끝난 때에는 법원사무관등은 판결서, 제402조에 따른 명령 또는 제402조의3에 따른 결정의 정본을 소송기록에 붙여 제1심 법원에 보내야 한다. 〈개정 2024. 1. 16.〉

제2장 상고

제422조(상고의 대상) ①상고는 고등법원이 선고한 종국판결과 지방법원 합의부가 제2심으로서 선고한 종국판결에 대하여 할 수 있다.

②제390조제1항 단서의 경우에는 제1심의 종국판결에 대하여 상고할 수 있다.

제423조(상고이유) 상고는 판결에 영향을 미친 헌법·법률·명령 또는 규칙의 위반이 있다는 것을 이유로 드는 때에만 할 수 있다.

제424조(절대적 상고이유) ①판결에 다음 각호 가운데 어느 하나의 사유가 있는 때에는 상고에 정당한 이유가 있는 것으로 한다.

1. 법률에 따라 판결법원을 구성하지 아니한 때
2. 법률에 따라 판결에 관여할 수 없는 판사가 판결에 관여한 때
3. 전속관할에 관한 규정에 어긋난 때
4. 법정대리권·소송대리권 또는 대리인의 소송행위에 대한 특별한 권한의 수여에 흠이 있는 때
5. 변론을 공개하는 규정에 어긋난 때
6. 판결의 이유를 밝히지 아니하거나 이유에 모순이 있는 때

②제60조 또는 제97조의 규정에 따라 추인한 때에는 제1항제4호의 규정을 적용하지 아니한다.

제425조(항소심절차의 준용) 상고와 상고심의 소송절차에는 특별한 규정이 없으면 제1장의 규정을 준용한다.

제426조(소송기록 접수의 통지) 상고법원의 법원사무관등은 원심법원의 법원사무관등으로부터 소송기록을 받은 때에는 바로 그 사유를 당사자에게 통지하여야 한다.

제427조(상고이유서 제출) 상고장에 상고이유를 적지 아니한 때에 상고인은 제426조의 통지를 받은 날부터 20일 이내에 상고이유서를 제출하여야 한다.

제428조(상고이유서, 답변서의 송달 등) ①상고이유서를 제출받은 상고법원은 바로 그 부본이나 등본을 상대방에게 송달하여야 한다.

②상대방은 제1항의 서면을 송달받은 날부터 10일 이내에 답변서를 제출할 수 있다.

③상고법원은 제2항의 답변서의 부본이나 등본을 상고인에게 송달하여야 한다.

제429조(상고이유서를 제출하지 아니함으로 말미암은 상고기각) 상고인이 제427조의 규정을 어기어 상고이유서를 제출하지 아니한 때에는 상고법원은 변론 없이 판결로 상고를 기각하여야 한다. 다만, 직권으로 조사하여야 할 사유가 있는 때에는 그러하지 아니하다.

제430조(상고심의 심리절차) ①상고법원은 상고장·상고이유서·답변서, 그 밖의 소송기록에 의하여 변론없이 판결할 수 있다.

②상고법원은 소송관계를 분명하게 하기 위하여 필요한 경우에는 특정한 사항에 관하여 변론을 열어 참고인의 진술을 들을 수 있다.

제431조(심리의 범위) 상고법원은 상고이유에 따라 불복신청의 한도 안에서 심리한다.

제432조(사실심의 전권) 원심판결이 적법하게 확정한 사실은 상고법원을 기속한다.

제433조(비약적 상고의 특별규정) 상고법원은 제422조제2항의 규정에 따른 상고에 대하여는 원심판결의 사실확정이 법률에 어긋난다는

것을 이유로 그 판결을 파기하지 못한다.

제434조(직권조사사항에 대한 예외) 법원이 직권으로 조사하여야 할 사항에 대하여는 제431조 내지 제433조의 규정을 적용하지 아니한다.

제435조(가집행의 선고) 상고법원은 원심판결중 불복신청이 없는 부분에 대하여는 당사자의 신청에 따라 결정으로 가집행의 선고를 할 수 있다.

제436조(파기환송, 이송) ①상고법원은 상고에 정당한 이유가 있다고 인정할 때에는 원심판결을 파기하고 사건을 원심법원에 환송하거나, 동등한 다른 법원에 이송하여야 한다.

②사건을 환송받거나 이송받은 법원은 다시 변론을 거쳐 재판하여야 한다. 이 경우에는 상고법원이 파기의 이유로 삼은 사실상 및 법률상 판단에 기속된다.

③원심판결에 관여한 판사는 제2항의 재판에 관여하지 못한다.

제437조(파기자판) 다음 각호 가운데 어느 하나에 해당하면 상고법원은 사건에 대하여 종국판결을 하여야 한다.

1. 확정된 사실에 대하여 법령적용이 어긋난다 하여 판결을 파기하는 경우에 사건이 그 사실을 바탕으로 재판하기 충분한 때

2. 사건이 법원의 권한에 속하지 아니한다 하여 판결을 파기하는 때

제438조(소송기록의 송부) 사건을 환송하거나 이송하는 판결이 내려졌을 때에는 법원사무관등은 2주 이내에 그 판결의 정본을 소송기록에 붙여 사건을 환송받거나 이송받을 법원에 보내야 한다.

제3장 항고

제439조(항고의 대상) 소송절차에 관한 신청을 기각한 결정이나 명령에 대하여 불복하면 항고할 수 있다.

제440조(형식에 어긋나는 결정·명령에 대한 항고) 결정이나 명령으로 재판할 수 없는 사항에 대하여 결정 또는 명령을 한 때에는 항고할 수 있다.

제441조(준항고) ①수명법관이나 수탁판사의 재판에 대하여 불복하는 당사자는 수소법원에 이의를 신청할 수 있다. 다만, 그 재판이 수소법원의 재판인 경우로서 항고할 수 있는 것인 때에 한한다.

②제1항의 이의신청에 대한 재판에 대하여는 항고할 수 있다.

③상고심이나 제2심에 계속된 사건에 대한 수명법관이나 수탁판사의 재판에는 제1항의 규정을 준용한다.

제442조(재항고) 항고법원·고등법원 또는 항소법원의 결정 및 명령에 대하여는 재판에 영향을 미친 헌법·법률·명령 또는 규칙의 위반을 이유로 드는 때에만 재항고(再抗告)할 수 있다.

제443조(항소 및 상고의 절차규정준용) ①항고법원의 소송절차에는 제1장의 규정을 준용한다.

②재항고와 이에 관한 소송절차에는 제2장의 규정을 준용한다.

제444조(즉시항고) ①즉시항고는 재판이 고지된 날부터 1주 이내에 하여야 한다.

②제1항의 기간은 불변기간으로 한다.

제445조(항고제기의 방식) 항고는 항고장을 원심법원에 제출함으로써 한다.

제446조(항고의 처리) 원심법원이 항고에 정당한 이유가 있다고 인

정하는 때에는 그 재판을 경정하여야 한다.

제447조(즉시항고의 효력) 즉시항고는 집행을 정지시키는 효력을 가진다.

제448조(원심재판의 집행정지) 항고법원 또는 원심법원이나 판사는 항고에 대한 결정이 있을 때까지 원심재판의 집행을 정지하거나 그 밖에 필요한 처분을 명할 수 있다.

제449조(특별항고) ①불복할 수 없는 결정이나 명령에 대하여는 재판에 영향을 미친 헌법위반이 있거나, 재판의 전제가 된 명령·규칙·처분의 헌법 또는 법률의 위반여부에 대한 판단이 부당하다는 것을 이유로 하는 때에만 대법원에 특별항고(特別抗告)를 할 수 있다.

②제1항의 항고는 재판이 고지된 날부터 1주 이내에 하여야 한다.

③제2항의 기간은 불변기간으로 한다.

제450조(준용규정) 특별항고와 그 소송절차에는 제448조와 상고에 관한 규정을 준용한다.

제4편 재심

제451조(재심사유) ①다음 각호 가운데 어느 하나에 해당하면 확정된 종국판결에 대하여 재심의 소를 제기할 수 있다. 다만, 당사자가 상소에 의하여 그 사유를 주장하였거나, 이를 알고도 주장하지 아니한 때에는 그러하지 아니하다.

1. 법률에 따라 판결법원을 구성하지 아니한 때
2. 법률상 그 재판에 관여할 수 없는 법관이 관여한 때
3. 법정대리권·소송대리권 또는 대리인이 소송행위를 하는 데에

필요한 권한의 수여에 흠이 있는 때. 다만, 제60조 또는 제97조의 규정에 따라 추인한 때에는 그러하지 아니하다.

4. 재판에 관여한 법관이 그 사건에 관하여 직무에 관한 죄를 범한 때

5. 형사상 처벌을 받을 다른 사람의 행위로 말미암아 자백을 하였거나 판결에 영향을 미칠 공격 또는 방어방법의 제출에 방해를 받은 때

6. 판결의 증거가 된 문서, 그 밖의 물건이 위조되거나 변조된 것인 때

7. 증인·감정인·통역인의 거짓 진술 또는 당사자신문에 따른 당사자나 법정대리인의 거짓 진술이 판결의 증거가 된 때

8. 판결의 기초가 된 민사나 형사의 판결, 그 밖의 재판 또는 행정처분이 다른 재판이나 행정처분에 따라 바뀐 때

9. 판결에 영향을 미칠 중요한 사항에 관하여 판단을 누락한 때

10. 재심을 제기할 판결이 전에 선고한 확정판결에 어긋나는 때

11. 당사자가 상대방의 주소 또는 거소를 알고 있었음에도 있는 곳을 잘 모른다고 하거나 주소나 거소를 거짓으로 하여 소를 제기한 때

②제1항제4호 내지 제7호의 경우에는 처벌받을 행위에 대하여 유죄의 판결이나 과태료부과의 재판이 확정된 때 또는 증거부족 외의 이유로 유죄의 확정판결이나 과태료부과의 확정재판을 할 수 없을 때에만 재심의 소를 제기할 수 있다.

③항소심에서 사건에 대하여 본안판결을 하였을 때에는 제1심 판

결에 대하여 재심의 소를 제기하지 못한다.

제452조(기본이 되는 재판의 재심사유) 판결의 기본이 되는 재판에 제451조에 정한 사유가 있을 때에는 그 재판에 대하여 독립된 불복 방법이 있는 경우라도 그 사유를 재심의 이유로 삼을 수 있다.

제453조(재심관할법원) ①재심은 재심을 제기할 판결을 한 법원의 전속관할로 한다.

②심급을 달리하는 법원이 같은 사건에 대하여 내린 판결에 대한 재심의 소는 상급법원이 관할한다. 다만, 항소심판결과 상고심판결에 각각 독립된 재심사유가 있는 때에는 그러하지 아니하다.

제454조(재심사유에 관한 중간판결) ①법원은 재심의 소가 적법한지 여부와 재심사유가 있는지 여부에 관한 심리 및 재판을 본안에 관한 심리 및 재판과 분리하여 먼저 시행할 수 있다.

②제1항의 경우에 법원은 재심사유가 있다고 인정한 때에는 그 취지의 중간판결을 한 뒤 본안에 관하여 심리·재판한다.

제455조(재심의 소송절차) 재심의 소송절차에는 각 심급의 소송절차에 관한 규정을 준용한다.

제456조(재심제기의 기간) ①재심의 소는 당사자가 판결이 확정된 뒤 재심의 사유를 안 날부터 30일 이내에 제기하여야 한다.

②제1항의 기간은 불변기간으로 한다.

③판결이 확정된 뒤 5년이 지난 때에는 재심의 소를 제기하지 못한다.

④재심의 사유가 판결이 확정된 뒤에 생긴 때에는 제3항의 기간은 그 사유가 발생한 날부터 계산한다.

제457조(재심제기의 기간) 대리권의 흠 또는 제451조제1항제10호에 규정한 사항을 이유로 들어 제기하는 재심의 소에는 제456조의 규정을 적용하지 아니한다.

제458조(재심소장의 필수적 기재사항) 재심소장에는 다음 각호의 사항을 적어야 한다.

1. 당사자와 법정대리인
2. 재심할 판결의 표시와 그 판결에 대하여 재심을 청구하는 취지
3. 재심의 이유

제459조(변론과 재판의 범위) ①본안의 변론과 재판은 재심청구이유의 범위안에서 하여야 한다.

②재심의 이유는 바꿀 수 있다.

제460조(결과가 정당한 경우의 재심기각) 재심의 사유가 있는 경우라도 판결이 정당하다고 인정한 때에는 법원은 재심의 청구를 기각하여야 한다.

제461조(준재심) 제220조의 조서 또는 즉시항고로 불복할 수 있는 결정이나 명령이 확정된 경우에 제451조제1항에 규정된 사유가 있는 때에는 확정판결에 대한 제451조 내지 제460조의 규정에 준하여 재심을 제기할 수 있다.

제5편 독촉절차

제462조(적용의 요건) 금전, 그 밖에 대체물(代替物)이나 유가증권의 일정한 수량의 지급을 목적으로 하는 청구에 대하여 법원은 채권자의 신청에 따라 지급명령을 할 수 있다. 다만, 대한민국에서 공시송

달 외의 방법으로 송달할 수 있는 경우에 한한다.

제463조(관할법원) 독촉절차는 채무자의 보통재판적이 있는 곳의 지방법원이나 제7조 내지 제9조, 제12조 또는 제18조의 규정에 의한 관할법원의 전속관할로 한다.

제464조(지급명령의 신청) 지급명령의 신청에는 그 성질에 어긋나지 아니하면 소에 관한 규정을 준용한다.

제465조(신청의 각하) ①지급명령의 신청이 제462조 본문 또는 제463조의 규정에 어긋나거나, 신청의 취지로 보아 청구에 정당한 이유가 없는 것이 명백한 때에는 그 신청을 각하하여야 한다. 청구의 일부에 대하여 지급명령을 할 수 없는 때에 그 일부에 대하여도 또한 같다.

②신청을 각하하는 결정에 대하여는 불복할 수 없다.

제466조(지급명령을 하지 아니하는 경우) ①채권자는 법원으로부터 채무자의 주소를 보정하라는 명령을 받은 경우에 소제기신청을 할 수 있다.

②지급명령을 공시송달에 의하지 아니하고는 송달할 수 없거나 외국으로 송달하여야 할 때에는 법원은 직권에 의한 결정으로 사건을 소송절차에 부칠 수 있다.

③제2항의 결정에 대하여는 불복할 수 없다.

제467조(일방적 심문) 지급명령은 채무자를 심문하지 아니하고 한다.

제468조(지급명령의 기재사항) 지급명령에는 당사자, 법정대리인, 청구의 취지와 원인을 적고, 채무자가 지급명령이 송달된 날부터 2주 이내에 이의신청을 할 수 있다는 것을 덧붙여 적어야 한다.

제469조(지급명령의 송달) ①지급명령은 당사자에게 송달하여야 한다.

②채무자는 지급명령에 대하여 이의신청을 할 수 있다.

제470조(이의신청의 효력) ①채무자가 지급명령을 송달받은 날부터 2주 이내에 이의신청을 한 때에는 지급명령은 그 범위안에서 효력을 잃는다.

②제1항의 기간은 불변기간으로 한다.

제471조(이의신청의 각하) ①법원은 이의신청이 부적법하다고 인정한 때에는 결정으로 이를 각하하여야 한다.

②제1항의 결정에 대하여는 즉시항고를 할 수 있다.

제472조(소송으로의 이행) ①채권자가 제466조제1항의 규정에 따라 소제기신청을 한 경우, 또는 법원이 제466조제2항의 규정에 따라 지급명령신청사건을 소송절차에 부치는 결정을 한 경우에는 지급명령을 신청한 때에 소가 제기된 것으로 본다.

②채무자가 지급명령에 대하여 적법한 이의신청을 한 경우에는 지급명령을 신청한 때에 이의신청된 청구목적의 값에 관하여 소가 제기된 것으로 본다.

제473조(소송으로의 이행에 따른 처리) ①제472조의 규정에 따라 소가 제기된 것으로 보는 경우, 지급명령을 발령한 법원은 채권자에게 상당한 기간을 정하여, 소를 제기하는 경우 소장에 붙여야 할 인지액에서 소제기신청 또는 지급명령신청시에 붙인 인지액을 뺀 액수의 인지를 보정하도록 명하여야 한다.

②채권자가 제1항의 기간 이내에 인지를 보정하지 아니한 때에는 위 법원은 결정으로 지급명령신청서를 각하하여야 한다. 이 결정에

대하여는 즉시항고를 할 수 있다.

③제1항에 규정된 인지가 보정되면 법원사무관 등은 바로 소송기록을 관할법원에 보내야 한다. 이 경우 사건이 합의부의 관할에 해당되면 법원사무관등은 바로 소송기록을 관할법원 합의부에 보내야 한다.

④제472조의 경우 독촉절차의 비용은 소송비용의 일부로 한다.

제474조(지급명령의 효력) 지급명령에 대하여 이의신청이 없거나, 이의신청을 취하하거나, 각하결정이 확정된 때에는 지급명령은 확정판결과 같은 효력이 있다.

제6편 공시최고절차

제475조(공시최고의 적용범위) 공시최고(公示催告)는 권리 또는 청구의 신고를 하지 아니하면 그 권리를 잃게 될 것을 법률로 정한 경우에만 할 수 있다.

제476조(공시최고절차를 관할하는 법원) ①공시최고는 법률에 다른 규정이 있는 경우를 제외하고는 권리자의 보통재판적이 있는 곳의 지방법원이 관할한다. 다만, 등기 또는 등록을 말소하기 위한 공시최고는 그 등기 또는 등록을 한 공공기관이 있는 곳의 지방법원에 신청할 수 있다.

②제492조의 경우에는 증권이나 증서에 표시된 이행지의 지방법원이 관할한다. 다만, 증권이나 증서에 이행지의 표시가 없는 때에는 발행인의 보통재판적이 있는 곳의 지방법원이, 그 법원이 없는 때에는 발행 당시에 발행인의 보통재판적이 있었던 곳의 지방법원이 각각 관할한다.

③제1항 및 제2항의 관할은 전속관할로 한다.

제477조(공시최고의 신청) ①공시최고의 신청에는 그 신청의 이유와 제권판결(除權判決)을 청구하는 취지를 밝혀야 한다.

②제1항의 신청은 서면으로 하여야 한다.

③법원은 여러 개의 공시최고를 병합하도록 명할 수 있다.

제478조(공시최고의 허가여부) ①공시최고의 허가여부에 대한 재판은 결정으로 한다. 허가하지 아니하는 결정에 대하여는 즉시항고를 할 수 있다.

②제1항의 경우에는 신청인을 심문할 수 있다.

제479조(공시최고의 기재사항) ①공시최고의 신청을 허가한 때에는 법원은 공시최고를 하여야 한다.

②공시최고에는 다음 각호의 사항을 적어야 한다.

1. 신청인의 표시
2. 공시최고기일까지 권리 또는 청구의 신고를 하여야 한다는 최고
3. 신고를 하지 아니하면 권리를 잃게 될 사항
4. 공시최고기일

제480조(공고방법) 공시최고는 대법원규칙이 정하는 바에 따라 공고하여야 한다.

제481조(공시최고기간) 공시최고의 기간은 공고가 끝난 날부터 3월 뒤로 정하여야 한다.

제482조(제권판결전의 신고) 공시최고기일이 끝난 뒤에도 제권판결에 앞서 권리 또는 청구의 신고가 있는 때에는 그 권리를 잃지 아니한다.

제483조(신청인의 불출석과 새 기일의 지정) ①신청인이 공시최고기일에 출석하지 아니하거나, 기일변경신청을 하는 때에는 법원은 1회에 한하여 새 기일을 정하여 주어야 한다.

②제1항의 새 기일은 공시최고기일부터 2월을 넘기지 아니하여야 하며, 공고는 필요로 하지 아니한다.

제484조(취하간주) 신청인이 제483조의 새 기일에 출석하지 아니한 때에는 공시최고신청을 취하한 것으로 본다.

제485조(신고가 있는 경우) 신청이유로 내세운 권리 또는 청구를 다투는 신고가 있는 때에는 법원은 그 권리에 대한 재판이 확정될 때까지 공시최고절차를 중지하거나, 신고한 권리를 유보하고 제권판결을 하여야 한다.

제486조(신청인의 진술의무) 공시최고의 신청인은 공시최고기일에 출석하여 그 신청을 하게 된 이유와 제권판결을 청구하는 취지를 진술하여야 한다.

제487조(제권판결) ①법원은 신청인이 진술을 한 뒤에 제권판결신청에 정당한 이유가 없다고 인정할 때에는 결정으로 신청을 각하하여야 하며, 이유가 있다고 인정할 때에는 제권판결을 선고하여야 한다.

②법원은 제1항의 재판에 앞서 직권으로 사실을 탐지할 수 있다.

제488조(불복신청) 제권판결의 신청을 각하한 결정이나, 제권판결에 덧붙인 제한 또는 유보에 대하여는 즉시항고를 할 수 있다.

제489조(제권판결의 공고) 법원은 제권판결의 요지를 대법원규칙이 정하는 바에 따라 공고할 수 있다.

제490조(제권판결에 대한 불복소송) ①제권판결에 대하여는 상소를

하지 못한다.

②제권판결에 대하여는 다음 각호 가운데 어느 하나에 해당하면 신청인에 대한 소로써 최고법원에 불복할 수 있다.

1. 법률상 공시최고절차를 허가하지 아니할 경우일 때

2. 공시최고의 공고를 하지 아니하였거나, 법령이 정한 방법으로 공고를 하지 아니한 때

3. 공시최고기간을 지키지 아니한 때

4. 판결을 한 판사가 법률에 따라 직무집행에서 제척된 때

5. 전속관할에 관한 규정에 어긋난 때

6. 권리 또는 청구의 신고가 있음에도 법률에 어긋나는 판결을 한 때

7. 거짓 또는 부정한 방법으로 제권판결을 받은 때

8. 제451조제1항제4호 내지 제8호의 재심사유가 있는 때

제491조(소제기기간) ①제490조제2항의 소는 1월 이내에 제기하여야 한다.

②제1항의 기간은 불변기간으로 한다.

③제1항의 기간은 원고가 제권판결이 있다는 것을 안 날부터 계산한다. 다만, 제490조제2항제4호·제7호 및 제8호의 사유를 들어 소를 제기하는 경우에는 원고가 이러한 사유가 있음을 안 날부터 계산한다.

④이 소는 제권판결이 선고된 날부터 3년이 지나면 제기하지 못한다.

제492조(증권의 무효선고를 위한 공시최고) ①도난·분실되거나 없

어진 증권, 그 밖에 상법에서 무효로 할 수 있다고 규정한 증서의 무효선고를 청구하는 공시최고절차에는 제493조 내지 제497조의 규정을 적용한다.

②법률상 공시최고를 할 수 있는 그 밖의 증서에 관하여 그 법률에 특별한 규정이 없으면 제1항의 규정을 적용한다.

제493조(증서에 관한 공시최고신청권자) 무기명증권 또는 배서(背書)로 이전할 수 있거나 약식배서(略式背書)가 있는 증권 또는 증서에 관하여는 최종소지인이 공시최고절차를 신청할 수 있으며, 그 밖의 증서에 관하여는 그 증서에 따라서 권리를 주장할 수 있는 사람이 공시최고절차를 신청할 수 있다.

제494조(신청사유의 소명) ①신청인은 증서의 등본을 제출하거나 또는 증서의 존재 및 그 중요한 취지를 충분히 알리기에 필요한 사항을 제시하여야 한다.

②신청인은 증서가 도난·분실되거나 없어진 사실과, 그 밖에 공시최고절차를 신청할 수 있는 이유가 되는 사실 등을 소명하여야 한다.

제495조(신고최고, 실권경고) 공시최고에는 공시최고기일까지 권리 또는 청구의 신고를 하고 그 증서를 제출하도록 최고하고, 이를 게을리 하면 권리를 잃게 되어 증서의 무효가 선고된다는 것을 경고하여야 한다.

제496조(제권판결의 선고) 제권판결에서는 증권 또는 증서의 무효를 선고하여야 한다.

제497조(제권판결의 효력) 제권판결이 내려진 때에는 신청인은 증권

또는 증서에 따라 의무를 지는 사람에게 증권 또는 증서에 따른 권리를 주장할 수 있다.

제7편 판결의 확정 및 집행정지

제498조(판결의 확정시기) 판결은 상소를 제기할 수 있는 기간 또는 그 기간 이내에 적법한 상소제기가 있을 때에는 확정되지 아니한다.

제499조(판결확정증명서의 부여자) ①원고 또는 피고가 판결확정증명서를 신청한 때에는 제1심 법원의 법원사무관등이 기록에 따라 내어 준다.

②소송기록이 상급심에 있는 때에는 상급법원의 법원사무관등이 그 확정부분에 대하여만 증명서를 내어 준다.

제500조(재심 또는 상소의 추후보완신청으로 말미암은 집행정지) ①재심 또는 제173조에 따른 상소의 추후보완신청이 있는 경우에 불복하는 이유로 내세운 사유가 법률상 정당한 이유가 있다고 인정되고, 사실에 대한 소명이 있는 때에는 법원은 당사자의 신청에 따라 담보를 제공하게 하거나 담보를 제공하지 아니하게 하고 강제집행을 일시정지하도록 명할 수 있으며, 담보를 제공하게 하고 강제집행을 실시하도록 명하거나 실시한 강제처분을 취소하도록 명할 수 있다.

②담보없이 하는 강제집행의 정지는 그 집행으로 말미암아 보상할 수 없는 손해가 생기는 것을 소명한 때에만 한다.

③제1항 및 제2항의 재판은 변론없이 할 수 있으며, 이 재판에 대하여는 불복할 수 없다.

④상소의 추후보완신청의 경우에 소송기록이 원심법원에 있으면

그 법원이 제1항 및 제2항의 재판을 한다.

제501조(상소제기 또는 변경의 소제기로 말미암은 집행정지) 가집행의 선고가 붙은 판결에 대하여 상소를 한 경우 또는 정기금의 지급을 명한 확정판결에 대하여 제252조제1항의 규정에 따른 소를 제기한 경우에는 제500조의 규정을 준용한다.

제502조(담보를 공탁할 법원) ①이 편의 규정에 의한 담보의 제공이나 공탁은 원고나 피고의 보통재판적이 있는 곳의 지방법원 또는 집행법원에 할 수 있다.

②담보를 제공하거나 공탁을 한 때에는 법원은 당사자의 신청에 따라서 증명서를 주어야 한다.

③이 편에 규정된 담보에는 달리 규정이 있는 경우를 제외하고는 제122조 · 제123조 · 제125조 및 제126조의 규정을 준용한다.

부칙 〈제6626호, 2002. 1. 26.〉

제1조 (시행일) 이 법은 2002년 7월 1일부터 시행한다.

제2조 (계속사건에 관한 경과조치) 이 법은 특별한 규정이 없으면 이 법 시행 당시 법원에 계속중인 사건에도 적용한다. 다만, 이 법 시행 전의 소송행위의 효력에는 영향을 미치지 아니한다.

제3조 (법 적용의 시간적 범위) 이 법은 이 법 시행 이전에 생긴 사항에도 적용한다. 다만, 종전의 규정에 따라 생긴 효력에는 영향을 미치지 아니한다.

제4조 (관할에 관한 경과조치) 이 법 시행 당시 법원에 계속중인 사건은 이 법에 따라 관할권이 없는 경우에도 종전의 규정에 따라 관

할권이 있으면 그에 따른다.

제5조 (법정기간에 관한 경과조치) 이 법 시행전부터 진행된 법정기간과 그 계산은 종전의 규정에 따른다.

제6조(다른 법률의 개정) ①가사소송법중 다음과 같이 개정한다.

제3조제2항중 "민사소송법 제25조"를 "민사소송법 제28조"로 한다.

제12조 단서중 "민사소송법 제138조, 동법 제139조제1항, 동법 제257조, 동법 제259조, 동법 제320조, 동법 제321조의 규정 및 동법 제206조중 청구의 인낙에 관한 규정, 동법 제261조중 자백에 관한 규정"을 "민사소송법 제147조제2항 · 동법 제149조 · 동법 제150조제1항 · 동법 제284조제1항 · 동법 제285조 · 동법 제349조 · 동법 제350조 · 동법 제410조의 규정 및 동법 제220조중 청구의 인낙에 관한 규정, 동법 제288조중 자백에 관한 규정"으로 한다.

제15조제1항중 "민사소송법 제63조의2 또는 제234조의2"를 "민사소송법 제68조 또는 제260조"로 한다.

②가정폭력범죄의처벌등에관한특례법중 다음과 같이 개정한다.

제58조제4항중 "민사소송법 제199조제3항 · 제201조 · 제473조 및 제474조"를 "민사소송법 제213조제3항 · 제215조 · 제500조 및 제501조"로 한다.

③공장저당법중 다음과 같이 개정한다.

제29조제2항중 "민사소송법 제25조"를 "민사소송법 제28조"로 한다.

④공증인법중 다음과 같이 개정한다.

제56조의4제3항중 "민사소송법 제163조제2항, 동법 제165조제1항, 동법 제166조 내지 제170조, 동법 제172조 및 동법 제178조"를 "민사소송법 제176조제2항, 동법 제178조제1항, 동법 제179조 내지 제183조, 동법 제186조 및 동법 제193조"로 한다.

⑤공직선거및선거부정방지법중 다음과 같이 개정한다.

제227조 단서중 "민사소송법 제135조(화해의 권고), 제138조(실기한 공격, 방어방법의 각하), 제139조(의제자백)제1항, 제206조(화해, 포기, 인낙조서의 효력), 제259조(준비절차종결의 효과) 및 제261조(불요증사실)"를 "민사소송법 제145조(화해의 권고), 제147조(제출기간의 제한)제2항, 제149조(실기한 공격·방어방법의 각하), 제150조(자백간주)제1항, 제220조(화해, 청구의 포기·인낙조서의 효력), 제225조(결정에 의한 화해권고), 제226조(결정에 대한 이의신청), 제227조(이의신청의 방식), 제228조(이의신청의 취하), 제229조(이의신청권의 포기), 제230조(이의신청의 각하), 제231조(화해권고결정의 효력), 제232조(이의신청에 의한 소송복귀 등), 제284조(변론준비절차의 종결)제1항, 제285조(변론준비기일을 종결한 효과) 및 제288조(불요증사실)"로 한다.

⑥국가채권관리법중 다음과 같이 개정한다.

제30조중 "민사소송법 제355조"를 "민사소송법 제385조"로 한다.

⑦국민투표법중 다음과 같이 개정한다.

제95조 단서중 "민사소송법중 제135조·제138조·제139조제1항·제206조·제259조와 제261조"를 "민사소송법중 제145조·제147조제2항·제149조·제150조제1항·제220조·제225조 내지 제232

조 · 제284조제1항 · 제285조 및 제288조"로 한다.

⑧마약류불법거래방지에관한특례법중 다음과 같이 개정한다.

제60조 후단중 "민사소송법 제179조제1항"을 "민사소송법 제194조제1항"으로, "같은 법 제181조제1항 본문 및 제2항"을 "같은 법 제196조제1항 본문 및 제2항"으로 한다.

⑨민사조정법중 다음과 같이 개정한다.

제3조제1항제1호중 "민사소송법 제2조 내지 제5조"를 "민사소송법 제3조 내지 제6조"로 한다.

제17조제4항중 "민사소송법 제234조의2"를 "민사소송법 제260조"로 한다.

제34조제3항 후단중 "민사소송법 제239조제3항 내지 제6항"을 "민사소송법 제266조제3항 내지 제6항"으로 한다.

제38조제1항중 "민사소송법 제47조, 제48조, 제51조 내지 제56조(다만, 제54조제1항 후단은 제외한다), 제58조, 제59조제1항, 제60조, 제80조 및 제135조"를 "민사소송법 제51조, 제52조, 제55조 내지 제60조(다만, 제58조제1항 후단을 제외한다), 제62조, 제63조제1항, 제64조, 제87조, 제88조, 제145조 및 제152조제2항 · 제3항"으로 하고, 동조제2항 단서중 "민사소송법 제171조제2항, 제171조의2제2항, 제173조, 제179조 내지 제181조"를 "민사소송법 제185조제2항, 제187조, 제194조 내지 제196조"로 한다.

⑩반도체집적회로의배치설계에관한법률중 다음과 같이 개정한다.

제41조중 "민사소송법 제9조"를 "민사소송법 제11조"로 한다.

⑪비송사건절차법중 다음과 같이 개정한다.

제7조제1항중 "민사소송법 제81조"를 "민사소송법 제89조"로 한다.

제8조중 "민사소송법 제150조"를 "민사소송법 제161조"로 한다.

제27조중 "민사소송법 제93조"를 "민사소송법 제102조"로 한다.

제29조제3항중 "민사소송법 제418조와 제473조"를 "민사소송법 제448조와 제500조"로 한다.

제51조중 "민사소송법 제89조"를 "민사소송법 제98조"로 한다.

제97조중 "민사소송법 제110조제1항과 동법 제111조 내지 제116조"를 "민사소송법 제120조제1항 및 제121조 내지 제126조"로 한다.

⑫상고심절차에관한특례법중 다음과 같이 개정한다.

제4조제1항제6호중 "민사소송법 제394조제1항제1호 내지 제5호"를 "민사소송법 제424조제1항제1호 내지 제5호"로 한다.

제5조제1항중 "민사소송법 제399조 본문"을 "민사소송법 제429조 본문"으로 한다.

⑬상표법중 다음과 같이 개정한다.

제33조 및 제49조제3항중 "민사소송법 제133조·제271조 및 동법 제339조"를 각각 "민사소송법 제143조·제299조 및 동법 제367조"로 한다.

제83조제2항중 "민사소송법 제422조 및 동법 제424조"를 "민사소송법 제451조 및 동법 제453조"로 한다.

제86조제1항중 "민사소송법 제429조제1항"을 "민사소송법 제459조제1항"으로 한다.

제98조제1항제1호중 "민사소송법 제271조제2항 및 동법 제339조"를 "민사소송법 제299조제2항 및 동법 제367조"로 한다.

⑭선박소유자등의책임제한절차에관한법률중 다음과 같이 개정한다.

제59조제4항 후단중 "민사소송법 제63조"를 "민사소송법 제67조"로 한다.

⑮소송촉진등에관한특례법중 다음과 같이 개정한다.

제3조제1항 단서중 "민사소송법 제229조"를 "민사소송법 제251조"로 한다.

제31조제4항중 "민사소송법 제199조제3항·제201조·제473조 및 제474조"를 "민사소송법 제213조제3항·제215조·제500조 및 제501조"로 한다.

⑯실용신안법중 다음과 같이 개정한다.

제86조제1항제1호중 "민사소송법 제271조제2항 및 동법 제339조"를 "민사소송법 제299조제2항 및 동법 제367조"로 한다.

⑰예금자보호법중 다음과 같이 개정한다.

제21조의2제4항 후단중 "민사소송법 제65조 내지 제71조"를 "민사소송법 제71조 내지 제77조"로 한다.

⑱유류오염손해배상보장법중 다음과 같이 개정한다.

제25조제2항중 "민사소송법 제72조"를 "민사소송법 제79조"로 한다.

제26조제2항중 "민사소송법 제78조"를 "민사소송법 제85조"로 한다.

⑲의장법중 다음과 같이 개정한다.

제73조제2항중 "민사소송법 제422조 및 동법 제424조"를 "민사소송법 제451조 및 동법 제453조"로 한다.

제88조제1항제1호중 "민사소송법 제271조제2항 및 동법 제339조"를 "민사소송법 제299조제2항 및 동법 제367조"로 한다.

⑳종자산업법중 다음과 같이 개정한다.

제10조중 "민사소송법 제54조제2항 · 제55조 · 제59조 · 제80조 · 제83조 · 제85조 · 제87조"를 "민사소송법 제58조제2항 · 제59조 · 제63조 · 제87조 · 제88조 · 제92조 · 제94조 · 제96조"로 한다.

제48조제2항중 "민사소송법 제133조 · 제271조 및 동법 제339조"를 "민사소송법 제143조 · 제299조 및 동법 제367조"로 한다.

제101조제2항중 "민사소송법 제422조 및 동법 제424조제1항"을 "민사소송법 제451조 및 동법 제453조제1항"으로 한다.

제107조제1항중 "민사소송법 제429조제1항"은 "민사소송법 제459조제1항"으로 한다.

제176조제2항제1호중 "민사소송법 제271조"를 "민사소송법 제299조"로 한다.

㉑중재법중 다음과 같이 개정한다.

제39조제2항중 "민사소송법 제203조, 제476조제1항 및 제477조"를 "민사소송법 제217조, 민사집행법 제26조제1항 및 제27조"로 한다.

㉒지방교육자치에관한법률중 다음과 같이 개정한다.

제137조 단서중 "민사소송법 제135조(화해의 권고), 제138조(실기한 공격, 방어방법의 각하), 제139조(의제자백)제1항, 제206조(화해, 포기, 인낙조서의 효력), 제259조(준비절차종결의 효과) 및 제261조(불요증사실)"을 "민사소송법 제145조(화해의 권고), 제149조(실기한 공격, 방어방법의 각하), 제150조(자백간주)제1항, 제220조(화해, 청구의 포기 · 인낙조서의 효력), 제285조(변론준비기일을 종결한 효과) 및 제288조(불요증사실)"로 한다.

㉓특허법중 다음과 같이 개정한다.

제13조중 "민사소송법 제9조"를 "민사소송법 제11조"로 한다.

제154조제7항중 "민사소송법 제142조·제143조 및 동법 제145조 내지 제149조"를 "민사소송법 제153조·제154조 및 동법 제156조 내지 제160조"로 하고, 동조제8항중 "민사소송법 제133조·제271조 및 동법 제339조"를 "민사소송법 제143조·제299조 및 동법 제367조"로 한다.

제165조제2항중 "민사소송법 제89조 내지 제94조·제98조제1항 및 제2항·제99조·제101조·제102조 및 동법 제106조"를 "민사소송법 제98조 내지 제103조, 제107조제1항·제2항, 제108조, 제111조, 제112조 및 동법 제116조"로 하며, 동조제4항중 "민사소송법 제93조"를 "민사소송법 제102조"로 한다.

제178조제2항중 "민사소송법 제422조 및 동법 제424조"를 "민사소송법 제451조 및 동법 제453조"로 한다.

제185조중 "민사소송법 제429조제1항"을 "민사소송법 제459조제1항"으로 한다.

제188조의2제1항중 "민사소송법 제38조 내지 제41조, 제43조 및 제44조"를 "민사소송법 제42조 내지 제45조, 제47조 및 제48조"로 한다.

제232조제1항제1호중 "민사소송법 제271조제2항 및 동법 제339조"를 "민사소송법 제299조제2항 및 동법 제367조"로 한다.

㉔화의법중 다음과 같이 개정한다.

제57조제6항·제65조제3항 및 제70조제3항중 "민사소송법 제420조"를 각각 "민사소송법 제449조"로 한다.

㉕행정소송법중 다음과 같이 개정한다.

제7조중 "민사소송법 제31조제1항"을 "민사소송법 제34조제1항"으로 한다.

제16조제4항중 "민사소송법 제63조"를 "민사소송법 제67조"로 한다.

제17조제3항중 "민사소송법 제70조"를 "민사소송법 제76조"로 한다.

㉖헌법재판소법중 다음과 같이 개정한다.

제24조제6항중 "민사소송법 제40조, 제41조, 제42조제1항 · 제2항 및 제44조"를 "민사소송법 제44조, 제45조, 제46조제1항 · 제2항 및 제48조"로 한다.

제41조제3항중 "민사소송법 제231조"를 "민사소송법 제254조"로 한다.

제42조제2항중 "민사소송법 제184조"를 "민사소송법 제199조"로 한다.

㉗회사정리법중 다음과 같이 개정한다.

제127조제1항 후단중 "민사소송법 제159조제1항"을 "민사소송법 제172조제1항"으로 한다.

제237조제7항중 "민사소송법 제420조"를 "민사소송법 제449조"로 한다.

제248조제3항중 "민사소송법 제112조, 제113조, 제115조와 제116조"를 "민사소송법 제122조 · 제123조 · 제125조 및 제126조"로 한다.

제280조제1항중 "민사소송법 제420조"를 "민사소송법 제449조"로 한다.

㉘농업협동조합의구조개선에관한법률중 다음과 같이 개정한다.

제21조제4항중 "민사소송법 제65조 내지 제71조"를 "민사소송법 제71조 내지 제77조"로 한다.

㉙통신비밀보호법중 다음과 같이 개정한다.

제13조의2중 "민사소송법 제266조"를 "민사소송법 제294조"로 한다.

제7조 (다른 법률과의 관계) 이 법 시행 당시 다른 법률에서 종전의 민사소송법의 규정을 인용한 경우에 이 법중 그에 해당하는 규정이 있는 때에는 이 법의 해당 규정을 인용한 것으로 본다.

부칙 〈제7427호, 2005. 3. 31.〉 (민법)

제1조 (시행일) 이 법은 공포한 날부터 시행한다. 다만, …생략… 부칙 제7조(제2항 및 제29항을 제외한다)의 규정은 2008년 1월 1일부터 시행한다.

제2조 내지 제6조 생략

제7조 (다른 법률의 개정) ①내지 ⑨생략

⑩민사소송법 일부를 다음과 같이 개정한다.

제41조제2호 및 제314조제1호중 "친족·호주·가족"을 각각 "친족"으로 한다.

⑪내지 ㉙생략

부칙 〈제7428호, 2005. 3. 31.〉 (채무자 회생 및 파산에 관한 법률)

제1조 (시행일) 이 법은 공포 후 1년이 경과한 날부터 시행한다.
제2조 내지 제4조 생략
제5조 (다른 법률의 개정) ①내지 ㊴생략

㊵민사소송법 일부를 다음과 같이 개정한다.

제239조 후단중 "파산법"을 "「채무자 회생 및 파산에 관한 법률」"로, "파산자"를 "파산선고를 받은 자"로 한다.

제240조 전단중 "파산법"을 "「채무자 회생 및 파산에 관한 법률」"로 하고, 동조 후단중 "파산자"를 "파산선고를 받은 자"로 한다.

㊶내지 〈145〉생략

제6조 생략

부칙 〈제7849호, 2006. 2. 21.〉 (제주특별자치도 설치 및 국제자유도시 조성을 위한 특별법)

제1조 (시행일) 이 법은 2006년 7월 1일부터 시행한다. 〈단서 생략〉
제2조 내지 제39조 생략
제40조 (다른 법령의 개정) ①내지 ⑬생략

⑭민사소송법 일부를 다음과 같이 개정한다.

제176조제3항·제311조제4항·제342조제2항 및 제366조제3항 후단 중 "경찰공무원"을 각각 "국가경찰공무원"으로 한다.

제182조 중 "경찰관서"를 각각 "국가경찰관서"로 한다.

⑮내지 ㊼생략

제41조 생략

부칙 〈제8438호, 2007. 5. 17.〉

이 법은 2008년 1월 1일부터 시행한다.

부칙 〈제8499호, 2007. 7. 13.〉

①(시행일) 이 법은 공포 후 1개월이 경과한 날부터 시행한다.

②(전문심리위원에 대한 적용례) 제164조의2부터 제164조의8까지의 개정규정은 이 법 시행 당시 법원에 계속 중인 사건에도 적용한다.

부칙 〈제9171호, 2008. 12. 26.〉

①(시행일) 이 법은 공포한 날부터 시행한다.

②(계속사건에 대한 경과조치) 이 법은 이 법 시행 당시 법원에 계속 중인 사건에 대하여도 적용한다.

부칙 〈제10373호, 2010. 7. 23.〉

①(시행일) 이 법은 공포 후 3개월이 경과한 날부터 시행한다.

②(적용례) 제117조의 개정규정은 이 법 시행 후 최초로 소송제기되는 경우부터 적용한다.

부칙 〈제10629호, 2011. 5. 19.〉 (지식재산 기본법)

제1조(시행일) 이 법은 공포 후 2개월이 경과한 날부터 시행한다. 〈단서 생략〉

제2조(다른 법률의 개정) ①부터 ⑪까지 생략

⑫ 민사소송법 일부를 다음과 같이 개정한다.

제24조의 제목 "(지적재산권 등에 관한 특별재판적)"을 "(지식재산권 등에 관한 특별재판적)"으로 하고, 같은 조 중 "지적재산권(知的財産權)"을 "지식재산권"으로 한다.

제36조의 제목 "(지적재산권 등에 관한 소송의 이송)"을 "(지식재산권 등에 관한 소송의 이송)"으로 하고, 같은 조 제1항 본문 중 "지적재산권"을 "지식재산권"으로 한다.

⑬부터 ㉒까지 생략

부칙 〈제10859호, 2011. 7. 18.〉

①(시행일) 이 법은 2015년 1월 1일부터 시행한다.

②(적용례) 제163조의2의 개정규정은 이 법 시행 후 최초로 판결이 확정되는 사건의 판결서부터 적용한다.

부칙 〈제12587호, 2014. 5. 20.〉

이 법은 공포한 날부터 시행한다.

부칙 〈제12882호, 2014. 12. 30.〉

제1조(시행일) 이 법은 공포 후 6개월이 경과한 날부터 시행한다.

제2조(계속사건에 대한 경과조치) 이 법은 이 법 시행 당시 법원에 계속 중인 사건에 대하여도 적용한다.

부칙 〈제13521호, 2015. 12. 1.〉

제1조(시행일) 이 법은 2016년 1월 1일부터 시행한다.

제2조(적용례) 이 법은 이 법 시행 후 최초로 소장이 접수된 사건부터 적용한다.

부칙 〈제13952호, 2016. 2. 3.〉

제1조(시행일) 이 법은 공포 후 1년이 경과한 날부터 시행한다.

제2조(계속사건에 관한 적용례 등) 이 법은 특별한 규정이 없으면 이 법 시행 당시 법원에 계속 중인 사건에도 적용한다. 다만, 이 법 시행 전의 소송행위의 효력에는 영향을 미치지 아니한다.

제3조(금치산자 등에 대한 경과조치) 제55조, 제56조 및 제62조의 개정규정에도 불구하고 법률 제10429호 민법 일부개정법률 부칙 제2조에 따라 금치산 또는 한정치산 선고의 효력이 유지되는 사람에 대해서는 종전의 규정에 따른다.

제4조(다른 법률의 개정) ① 민사조정법 일부를 다음과 같이 개정한다.

제38조제1항 중 "제63조제1항"을 "제62조의2, 제63조제1항"으로 한다.

② 민사집행법 일부를 다음과 같이 개정한다.

제52조제3항 중 "민사소송법 제62조제3항 내지 제6항의 규정"을 "「민사소송법」 제62조제2항부터 제5항까지의 규정"으로 한다.

부칙 〈제14103호, 2016. 3. 29.〉

제1조(시행일) 이 법은 공포 후 6개월이 경과한 날부터 시행한다.

제2조(계속사건에 관한 경과조치) 이 법은 이 법 시행 당시 법원에 계속 중인 사건에 대하여도 적용한다.

부칙 〈제14966호, 2017. 10. 31.〉

제1조(시행일) 이 법은 공포한 날부터 시행한다.

제2조(적용례) 이 법의 개정규정은 이 법 시행 후 최초로 조서 또는 그 밖의 서면을 작성하거나 재판서·조서의 정본·등본·초본을 교부하는 경우부터 적용한다.

부칙 〈제17568호, 2020. 12. 8.〉

제1조(시행일) 이 법은 2023년 1월 1일부터 시행한다.

제2조(적용례) 제163조의2의 개정규정은 이 법 시행 후 최초로 판결이 선고되는 사건의 판결서부터 적용한다.

부칙 〈제17689호, 2020. 12. 22.〉 (국가경찰과 자치경찰의 조직 및 운영에 관한 법률)

제1조(시행일) 이 법은 2021년 1월 1일부터 시행한다.

제2조 부터 제6조까지 생략

제7조(다른 법률의 개정) ①부터 ㉓까지 생략

㉔ 민사소송법 일부를 다음과 같이 개정한다.

제176조제3항, 제342조제2항 및 제366조제3항 후단 중 "국가경찰공무원에게"를 각각 "경찰공무원에게"로 한다.

제311조제4항 중 "국가경찰공무원이"를 "경찰공무원이"로 한다.

㉕부터 〈53〉까지 생략

제8조 생략

부칙 〈제18396호, 2021. 8. 17.〉

제1조(시행일) 이 법은 공포 후 3개월이 경과한 날부터 시행한다.

제2조(계속사건에 대한 경과조치) 이 법은 이 법 시행 당시 법원에 계속 중인 사건에 대하여도 적용한다.

부칙 〈제19354호, 2023. 4. 18.〉

제1조(시행일) 이 법은 공포 후 6개월이 경과한 날부터 시행한다.

제2조(소송구조에 관한 적용례) 제128조제2항의 개정규정은 이 법 시행 이후 소송구조를 신청한 경우부터 적용한다.

제3조(소권 및 항소권의 남용에 관한 적용례) 제194조제4항, 제219조의2, 제248조의 개정규정은 이 법 시행 이후 소 및 항소를 제기한 경우부터 적용한다.

제4조(다른 법률의 개정) 가사소송법 일부를 다음과 같이 개정한다.

제37조의2제2항 본문 중 "「민사소송법」 제128조제2항부터 제4항까지"를 "「민사소송법」 제128조제3항부터 제5항까지"로 한다.

부칙 〈제19516호, 2023. 7. 11.〉

이 법은 공포 후 2년이 경과한 날부터 시행한다.

부칙 〈제20003호, 2024. 1. 16.〉

제1조(시행일) 이 법은 2025년 3월 1일부터 시행한다.

제2조(항소이유서의 제출에 관한 적용례) 이 법은 이 법 시행 후 최초로 항소장 또는 항고장이 제출되는 사건부터 적용한다.

제3조(다른 법률의 개정) 민사소송 등 인지법 일부를 다음과 같이 개정한다.

제14조제1항에 제6호의2를 다음과 같이 신설한다.

6의2. 「민사소송법」 제402조의3제1항 본문에 따라 각하된 경우

대한민국 법령 시리즈 222

민사소송법

법 령

2025년 9월 3일 인쇄 정가 18,000원
2025년 9월 13일 발행

편 저 편집부
디 자 인 송영미
발 행 인 조준형 http://www.hgbookpub.com
발 행 처 해광출판사 E-mail : munbookcokr@naver.com
주 소 부산광역시 중구 해관로 41-1 (중앙동2가)
전화번호 (051) 253-0001 팩스 (051) 245-1187
등 록 제 2012-000005호

해광출판사에서는 여러분의 소중한 원고와 함께 할 기회를 기다리고 있습니다. 책으로 엮을 원고나 아이디어가 있으신 분들은 이메일 munbookcokr@naver.com로 책에 대한 간단한 개요와 원고 전체 또는 일부를 연락처와 함께 보내주십시오.

ISBN 979 11-6881-883-5

※ 법령 출처 : 법제처 국가법령정보센터
※ 본 도서는 〈공공데이터 제공 및 이용 활성화에 관한 법률〉을 근거로 출판되었습니다.

해광출판사 대한민국 법령 시리즈

001. 선원법
002. 어선법
003. 선박직원법
004. 해사안전기본법
005. 해양환경관리법
006. 선박의 입항 및 출항등에 관한 법률
007. 학교안전사고예방 및 보상에 관한 법률
008. 종합부동산세법
009. 방위사업법
010. 행정규제기본법
011. 식품산업진흥법
012. 위험물안전관리법
013. 화재의 예방 및 안전관리에 관한 법률
014. 도시가스사업법
015. 실내공기질관리법
016. 지방세법
017. 소득세법
018. 법인세법
019. 도선법
020. 선박안전법
021. 선박법
022. 수산업법
023. 고압가스안전관리법
024. 국민연금법
025. 공동주택관리법
026. 화학물질관리법
027. 어선원 및 어선 재해보상보험법
028. 장기등 이식에 관한 법률
029. 자연재해대책법
030. 공유재산 및 물품 관리법
031. 산업입지 및 개발에 관한 법률
032. 부정경쟁방지 및 영업비밀보호에 관한 법률
033. 금융지주회사법
034. 온실가스 배출권의 할당 및 거래에 관한 법률
035. 건축사법
036. 산림문화휴양에 관한 법률
037. 전기사업법
038. 사립학교법
039. 고등교육법
040. 액화석유가스의 안전관리 및 사업법
041. 선박투자회사법
042. 수산자원관리법
043. 위험물선박운송및저장규칙
044. 선박평형수관리법
045. 주택임대차보호법
046. 상가건물임대차보호법
047. 지방공기업법
048. 승강기안전관리법
049. 수목원·정원의 조성 및 진흥에 관한 법률
050. 민법
051. 치료감호 등에 관한 법률
052. 대부업 등의 등록 및 금융이용자 보호에 관한 법률
053. 사료관리법
054. 무형문화재 보전 및 진흥에 관한 법률
055. 총포·도검·화약류 등의 안전관리에 관한 법률
056. 경찰관직무집행법
057. 시설물의 안전 및 유지관리에 관한 특별법
058. 수산생물질병 관리법
059. 소비자기본법
060. 국제선박등록법
061. 정보통신망 이용촉진 및 정보보호 등에 관한 법률
062. 해운법
063. 농수산물 품질관리법
064. 수산업협동조합법
065. 해외건설촉진법
066. 수상레저안전법
067. 공무원재해보상법
068. 수상에서의 수색·구조 등에 관한 법률
069. 어촌어항법
070. 항만법
071. 항만운송사업법
072. 해양경비법
073. 해양사고의 조사 및 심판에 관한 법률
074. 외국인근로자의 고용 등에 관한 법률
075. 중소기업기본법
076. 자유무역지역의 지정 및 운영에 관한 법률
077. 대기환경보전법
078. 소음진동관리법
079. 폐기물관리법
080. 하수도법
081. 물환경보전법
082. 토양환경보전법
083. 환경정책기본법
084. 산업재해보상보험법
085. 관세법
086. 노동조합 및 노동관계조정법
087. 근로기준법
088. 군인연금법
089. 먹는물관리법
090. 기술보증기금법
091. 관광진흥법
092. 감염병의 예방 및 관리에 관한 법률
093. 사법경찰관리의 직무를 수행할 자와 그 직무범위에 관한 법률
094. 수의사법
095. 가정폭력방지 및 피해자보호 등에 관한 법률
096. 환경영향평가법
097. 체육시설의 설치 · 이용에 관한 법률
098. 장사 등에 관한 법률
099. 상호저축은행법
100. 은행법
101. 보호관찰 등에 관한 법률
102. 형법
103. 자동차관리법
104. 형사소송법
105. 전자금융거래법
106. 마약류 불법거래 방지에 관한 특례법
107. 도로법
108. 주세법
109. 변리사법
110. 하천법
111. 중소기업진흥에 관한 법률
112. 발달장애인 권리보장 및 지원에 관한 법률
113. 주택법
114. 장애인복지법
115. 농어업경영체 육성 및 지원에 관한 법률
116. 공인중개사법
117. 건강기능식품에 관한 법률
118. 예비군법
119. 개발제한구역의 지정 및 관리에 관한 특별조치법
120. 국유재산법
121. 주차장법
122. 환경기술 및 환경산업 지원법
123. 대기관리권역의 대기환경개선에 관한 특별법
124. 악취방지법
125. 미세먼지 저감 및 관리에 관한 특별법
126. 가축분뇨의 관리 및 이용에 관한 법률
127. 물의 재이용 촉진 및 지원에 관한 법률
128. 물관리기본법
129. 물관리기술 발전 및 물산업 진흥에 관한 법률
130. 자원의 절약과 재활용촉진에 관한 법률
131. 전기 · 전자제품 및 자동차의 자원순환에 관한 법률
132. 건설폐기물의 재활용촉진에 관한 법률
133. 수도권매립지관리공사의 설립 및 운영 등에 관한 법률
134. 폐기물의 국가 간 이동 및 그 처리에 관한 법률
135. 폐기물처리시설 설치촉진 및 주변지역지원 등에 관한 법률
136. 자원순환기본법
137. 잔류성오염물질 관리법
138. 환경분쟁 조정법

해광출판사 대한민국 법령 시리즈

139. 화학물질의 등록 및 평가 등에 관한 법률
140. 환경오염시설의 통합관리에 관한 법률
141. 환경오염피해 배상책임 및 구제에 관한 법률
142. 중소기업제품 구매촉진 및 판로지원에 관한 법률
143. 환경개선비용 부담법
144. 환경분야 시험·검사 등에 관한 법률
145. 환경친화적 산업구조로의 전환촉진에 관한 법률
146. 환경친화적 자동차의 개발 및 보급 촉진에 관한 법률
147. 환경범죄 등의 단속 및 가중처벌에 관한 법률
148. 생명윤리 및 안전에 관한 법률
149. 장애인차별금지 및 권리구제 등에 관한 법률
150. 부동산투자회사법
151. 정치자금법
152. 과학기술기본법
153. 대리점거래의 공정화에 관한 법률
154. 상속세 및 증여세법
155. 학원의 설립 · 운영 및 과외교습에 관한 법률
156. 해양심층수의 개발 및 관리에 관한 법률
157. 전기용품 및 생활용품 안전관리법
158. 사회기반시설에 대한 민간투자법
159. 공직선거법
160. 정당법
161. 유류오염손해배상 보장법
162. 부정청탁 및 금품등 수수의 금지에 관한 법률
163. 항로표지법
164. 어장관리법
165. 민방위기본법
166. 공직자윤리법
167. 선거관리위원회법
168. 유선 및 도선 사업법
169. 전기공사업법
170. 사회복지사업법
171. 택지개발촉진법
172. 국가공무원법
173. 민간임대주택에 관한 특별법
174. 어음법·수표법
175. 민사집행법
176. 상법
177. 문화예술진흥법
178. 중소기업협동조합법
179. 농업협동조합법
180. 도로교통법
181. 의료사고 피해구제 및 의료분쟁 조정 등에 관한 법률
182. 산림보호법
183. 소년법
184. 동물보호법
185. 건축물관리법
186. 도시개발법
187. 화물자동차 운수사업법
188. 도시 및 주거환경정비법
189. 의료법
190. 국회법
191. 응급의료에 관한 법률
192. 출입국관리법
193. 노인복지법
194. 산림자원의 조성 및 관리에 관한 법률
195. 청소년 보호법
196. 초 · 중등교육법
197. 혁신도시 조성 및 발전에 관한 특별법
198. 경제자유구역의 지정 및 운영에 관한 특별법
199. 공공기관의 운영에 관한 법률
200. 대한민국헌법
201. 국민기초생활 보장법
202. 저작권법
203. 가사소송법
204. 국가유공자 등 예우 및 지원에 관한 법률
205. 국민체육진흥법
206. 전통주 등의 산업진흥에 관한 법률
207. 재난 및 안전관리 기본법
208. 정보통신공사업법
209. 주식회사 등의 외부감사에 관한 법률
210. 공익사업을 위한 토지 등의 취득 및 보상에 관한 법률
211. 개인정보 보호법
212. 국세기본법
213. 에너지이용 합리화법
214. 감정평가 및 감정평가사에 관한 법률
215. 국가인권위원회법
216. 가맹사업거래의 공정화에 관한 법률
217. 보건의료기본법
218. 산업안전보건법
219. 법무사법
220. 교육공무원법
221. 특허법
222. 민사소송법
223. 아동복지법
224. 전파법
225. 하도급거래 공정화에 관한 법률
226. 기초연금법
227. 사립학교교직원 연금법
228. 직업안정법
229. 장애아동 복지지원법
230. 부동산등기법
231. 자동차손해배상 보장법
232. 철도안전법
233. 항공안전법
234. 전자상거래 등에서의 소비자보호에 관한 법률
235. 독점규제 및 공정거래에 관한 법률
236. 상표법
237. 채무자 회생 및 파산에 관한 법률
238. 공무원연금법
239. 축산법
240. 근로복지기본법
241. 민원 처리에 관한 법률
242. 약사법
243. 방문판매 등에 관한 법률
244. 건축기본법
245. 지방세기본법
246. 지방세징수법
247. 지방자치법
248. 도시교통정비 촉진법
249. 공공주택 특별법
250. 국세징수법
251. 공인노무사법
252. 중대재해 처벌 등에 관한 법률
253. 외무공무원법
254. 소방시설공사업법
255. 검역법
256. 공중위생관리법
257. 할부거래에 관한 법률
258. 인터넷 멀티미디어 방송사업법
259. 전기통신사업법
260. 제품안전기본법
261. 철도사업법
262. 어린이제품 안전 특별법
263. 영유아보육법
264. 원자력안전법
265. 보험업법
266. 경비업법
267. 교통안전법
268. 세무사법
269. 관세사법
270. 공인회계사법
271. 지방공무원법
272. 고용정책 기본법
273. 국가경찰과 자치경찰의 조직 및 운영에 관한 법률
274. 협동조합 기본법
275. 재해구호법
276. 환경보건법

해광출판사 대한민국 법령 시리즈

277. 자살예방 및 생명존중문화 조성을 위한 법률
278. 소방산업의 진흥에 관한 법률
279. 소방기본법
280. 비송사건절차법
281. 자연환경보전법
282. 변호사법
283. 기업구조조정투자회사법
284. 전기통신기본법
285. 에너지법
286. 해양생태계의 보전 및 관리에 관한 법률
287. 사회보장기본법
288. 통신비밀보호법
289. 공증인법
290. 물류시설의 개발 및 운영에 관한 법률
291. 청소년활동 진흥법
292. 형의 집행 및 수용자의 처우에 관한 법률
293. 도시공원 및 녹지 등에 관한 법률
294. 태권도 진흥 및 태권도공원 조성 등에 관한 법률
295. 녹색건축물 조성 지원법
296. 우편법
297. 예금자보호법
298. 건설산업기본법
299. 금융회사의 지배구조에 관한 법률
300. 장애인활동 지원에 관한 법률
301. 언론중재 및 피해구제 등에 관한 법률
302. 국가재정법
303. 농지법
304. 게임산업진흥에 관한 법률
305. 정신건강증진 및 정신질환자 복지서비스 지원에 관한 법률
306. 디자인보호법
307. 의료기사 등에 관한 법률
308. 스마트도시 조성 및 산업진흥 등에 관한 법률
309. 내수면어업법
310. 한국주택금융공사법
311. 의료기기법
312. 유통산업발전법
313. 전통시장 및 상점가 육성을 위한 특별법
314. 여신전문금융업법
315. 해외자원개발 사업법
316. 산업교육진흥 및 산학연협력촉진에 관한 법률
317. 빈집 및 소규모주택 정비에 관한 특례법
318. 기업도시개발 특별법
319. 전력기술관리법
320. 국토기본법
321. 지하수법
322. 식품위생법
323. 광업법
324. 호스피스·완화의료 및 임종과정에 있는 환자의 연명의료결정에 관한 법률
325. 주식·사채 등의 전자등록에 관한 법률
326. 표시·광고의 공정화에 관한 법률
327. 골재채취법
328. 국민건강증진법
329. 새마을금고법
330. 여객자동차 운수사업법
331. 마리나항만의 조성 및 관리 등에 관한 법률
332. 한부모가족지원법
333. 국가를 당사자로 하는 계약에 관한 법률
334. 지방자치단체를 당사자로 하는 계약에 관한 법률
335. 축산물 위생관리법
336. 병역법
337. 음악산업진흥에 관한 법률
338. 국가균형발전 특별법
339. 첨단재생의료 및 첨단바이오의약품 안전 및 지원에 관한 법률
340. 공간정보의 구축 및 관리 등에 관한 법률
341. 공유수면 관리 및 매립에 관한 법률
342. 농수산물 유통 및 가격안정에 관한 법률
343. 아시아문화중심도시 조성에 관한 특별법
344. 신탁법
345. 자연공원법
346. 생활화학제품 및 살생물제의 안전관리에 관한 법률
347. 군인사법
348. 국제조세조정에 관한 법률
349. 낙동강수계 물관리 및 주민지원 등에 관한 법률
350. 주민등록법
351. 집합건물의 소유 및 관리에 관한 법률
352. 집단에너지사업법
353. 산림조합법
354. 반도체집적회로의 배치설계에 관한 법률
355. 자본시장과 금융투자업에 관한 법률
356. 담보부사채신탁법
357. 근로자퇴직급여 보장법
358. 국제과학비즈니스벨트 조성 및 지원에 관한 특별법
359. 수도법
360. 식품 등의 표시 · 광고에 관한 법률
361. 약관의 규제에 관한 법률
362. 인삼산업법
363. 종자산업법
364. 항공사업법
365. 건설기계관리법
366. 군형법
367. 궤도운송법
368. 기술의 이전 및 사업화 촉진에 관한 법률
369. 농수산물의 원산지 표시 등에 관한 법률
370. 담배사업법
371. 석유 및 석유대체연료 사업법
372. 가축전염병 예방법
373. 농어촌정비법
374. 식물신품종 보호법
375. 항공보안법
376. 중소기업창업 지원법
377. 군사법원법
378. 우주개발 진흥법
379. 해저광물자원 개발법
380. 산림복지 진흥에 관한 법률
381. 지능형 로봇 개발 및 보급 촉진법
382. 헌법재판소법
383. 옥외광고물 등의 관리와 옥외광고산업 진흥에 관한 법률
384. 혈액관리법
385. 국제항해선박 등에 대한 해적행위 피해예방에 관한 법률
386. 유료도로법
387. 독립유공자예우에 관한 법률
388. 신에너지 및 재생에너지 개발 · 이용 · 보급 촉진법
389. 신용정보의 이용 및 보호에 관한 법률
390. 출판문화산업 진흥법
391. 공항시설법
392. 국민 평생 직업능력 개발법
393. 아동 · 청소년의 성보호에 관한 법률
394. 방송법쉬
395. 신용보증기금법
396. 화장품법
397. 청소년 기본법
398. 인터넷주소자원에 관한 법률
399. 양곡관리법
400. 도로명주소법
401. 전자문서 및 전자거래 기본법
402. 산업기술의 유출방지 및 보호에 관한 법률
403. 국가기술자격법
404. 양식산업발전법
405. 산업기술혁신 촉진법
406. 새만금사업 추진 및 지원에 관한 특별법
407. 전자정부법
408. 지역 개발 및 지원에 관한 법률
409. 한국농어촌공사 및 농지관리기금법
410. 계량에 관한 법률
411. 기업활동 규제완화에 관한 특별조치법
412. 군에서의 형의 집행 및 군수용자의 처우에 관한 법률

해광출판사 대한민국 법령 시리즈

413. 규제자유특구 및 지역특화발전특구에 관한 규제특례법
414. 금융위원회의 설치 등에 관한 법률
415. 남녀고용평등과 일·가정 양립 지원에 관한 법률
416. 농어업인 삶의 질 향상 및 농어촌지역 개발촉진에 관한 특별법
417. 댐건설·관리 및 주변지역지원 등에 관한 법률
418. 국가유산수리 등에 관한 법률
419. 법원조직법
420. 보훈보상대상자 지원에 관한 법률
421. 부패방지 및 국민권익위원회의 설치와 운영에 관한 법률
422. 과학기술분야 정부출연연구기관 등의 설립·운영 및 육성에 관한 법률
423. 연구개발특구의 육성에 관한 특별법
424. 친환경농어업 육성 및 유기식품 등의 관리·지원에 관한 법률
425. 연안관리법
426. 영화 및 비디오물의 진흥에 관한 법률
427. 신용협동조합법
428. 방송통신발전 기본법
429. 범죄피해자 보호법
430. 가축 및 축산물 이력관리에 관한 법률
431. 국가표준기본법
432. 국가통합교통체계효율화법
433. 범죄인 인도법
434. 국가과학기술 경쟁력 강화를 위한 이공계지원 특별법
435. 국제경기대회 지원법
436. 금융혁신지원 특별법
437. 수자원의 조사·계획 및 관리에 관한 법률
438. 축산자조금의 조성 및 운용에 관한 법률
439. 소방시설 설치 및 관리에 관한 법률
440. 양성평등기본법
441. 축산계열화사업에 관한 법률
442. 수입식품안전관리 특별법
443. 대외무역법
444. 국가연구개발사업 등의 성과평가 및 성과관리에 관한 법률
445. 무역보험법
446. 기술사법
447. 광산안전법
448. 농약관리법
449. 농업·농촌 및 식품산업 기본법
450. 문화산업진흥 기본법
451. 부담금관리 기본법
452. 야생생물 보호 및 관리에 관한 법률
453. 한국은행법
454. 별정우체국법
455. 원양산업발전법
456. 콘텐츠산업 진흥법
457. 한국수출입은행법
458. 외국인투자 촉진법
459. 물류정책기본법
460. 전자서명법
461. 산업발전법
462. 산업표준화법
463. 소프트웨어 진흥법
464. 토지이용규제 기본법
465. 해수욕장의 이용 및 관리에 관한 법률
466. 정보통신 진흥 및 융합 활성화 등에 관한 특별법
467. 정보통신산업 진흥법
468. 지진·화산재해대책법
469. 소금산업진흥법
470. 위치정보의 보호 및 이용 등에 관한 법률
471. 외국법자문사법
472. 이러닝(전자학습)산업 발전 및 이러닝 활용 촉진에 관한 법률
473. 암관리법
474. 실용신안법
475. 가족관계의 등록 등에 관한 법률
476. 무인도서의 보전 및 관리에 관한 법률
477. 감사원법
478. 정보보호산업의 진흥에 관한 법률
479. 결혼중개업의 관리에 관한 법률
480. 공익신고자 보호법
481. 박물관 및 미술관 진흥법
482. 낚시 관리 및 육성법
483. 동산·채권 등의 담보에 관한 법률
484. 임금채권보장법
485. 국민투표법
486. 농림수산업자 신용보증법
487. 국가채권 관리법
488. 중소기업은행법
489. 식품안전기본법
490. 외국환거래법
491. 발명진흥법
492. 건설기술 진흥법
493. 기후위기 대응을 위한 탄소중립·녹색성장 기본법
494. 인체조직안전 및 관리 등에 관한 법률
495. 엔지니어링산업 진흥법
496. 신문 등의 진흥에 관한 법률
497. 식물방역법
498. 석탄산업법
499. 산업융합 촉진법
500. 비료관리법
501. 임업 및 산촌 진흥촉진에 관한 법률
502. 복권 및 복권기금법
503. 대규모유통업에서의 거래 공정화에 관한 법률
504. 뉴스통신 진흥에 관한 법률
505. 지능정보화 기본법
506. 자격기본법
507. 중소기업 기술혁신 촉진법
508. 국가공간정보 기본법
509. 농어업재해대책법
510. 방송광고판매대행 등에 관한 법률
511. 지식재산 기본법
512. 초고층 및 지하연계 복합건축물 재난관리에 관한 특별법
513. 해양 조사와 해양정보 활용에 관한 법률
514. 공간정보산업 진흥법
515. 공공기관의 정보공개에 관한 법률
516. 행정기본법
517. 해상교통안전법
518. 농어업재해보험법
519. 문화유산의 보존 및 활용에 관한 법률
520. 자연유산의 보존 및 활용에 관한 법률
521. 국토의 계획 및 이용에 관한 법률
522. 건축법
523. 국민건강보험법
524. 계엄법
525. 환경친화적 선박의 개발 및 보급 촉진에 관한 법률
526. 해양폐기물 및 해양오염퇴적물 관리법
527. 연안사고 예방에 관한 법률
528. 전기안전관리법
529. 의약품 등의 안전에 관한 규칙
530. 공공보건의료에 관한 법률
531. 군보건의료에 관한 법률
532. 농어촌 등 보건의료를 위한 특별조치법
533. 보호소년 등의 처우에 관한 법률
534. 국가를 당사자로 하는 소송에 관한 법률
535. 간호법
536. 국립묘지의 설치 및 운영에 관한 법률
537. 주류 면허 등에 관한 법률
538. 부가가치세법
539. 자율운항선박 개발 및 상용화 촉진에 관한 법률

*** 해광출판사의 법령 시리즈는 계속 발행 됩니다.**
**** 각 도서의 개정판은 인쇄일을 기준으로 제작 되었습니다.**